집밥엔

장아찌

집밥엔
장아찌

지은이 이선미

초판 1쇄 인쇄 2018년 8월 9일
초판 2쇄 발행 2018년 11월 8일

발행인 황윤억
기획위원 권대영, 김병철, 전병술, 권오상, 한상준
편집주간 김순미
책임편집 이진랑
편집 황인재
사진 이선미, 이경우
디자인 이윤임
경영지원 박진주
인쇄 애드그린
제본 동양실업

발행처 헬스레터
출판등록 제2012-00042호(2012년 9월 14일)
주소 서울시 서초구 남부순환로 333길 36(서초동 1431-1) 해원빌딩 4층
전화 02-6120-0258, 0259 / 팩스 02-6120-0257
홈페이지 www.hletter.kr, cafe.naver.com/healthletter
한국전통발효아카데미 www.ktfa.kr
전자우편 gold4271@naver.com

값 22,000
ISBN 978-89-969505-6-1 13590

이 도서의 국립중앙도서관 출판예정도서목록(CIP)은 서지정보유통지원시스템 홈페이지(http://seoji.nl.go.kr)와
국가자료공동목록시스템(http://www.nl.go.kr/kolisnet)에서 이용하실 수 있습니다. (CIP제어번호: CIP2018019911)

자연 품은 슬로푸드 발효음식

집밥엔

장아찌

이선미 (한국음식연구가) 지음

장 아 찌 의
품 격 과 가 치 를
높 이 자

한국 음식문화의 특징을 말하자면 '약과 음식은 그 근원이 같다'는 약식동원(藥食同源)과 한식의 근간이 되는 조리법인 '발효'라고 이야기할 수 있다. 또한 그 속에 담긴 한국 음식의 중심 철학이 '마음'이라는 점이다. 우리 어머니들은 '음식이 곧 보약'이라는 생각으로 온 마음을 다해 정성껏 가족들의 밥상을 차리셨다.

음식 만드는 일을 좋아하고 맛있는 음식을 가족들에게 주고 싶은 소박한 마음으로 음식 공부를 오랫동안 했다. 그중에서도 약선 요리와 장아찌 레시피를 개발하고 연구하면서, 장아찌야말로 소박하지만 마음을 담은 음식이자 마음을 나눌 수 있는 슬로푸드라는 생각이 들었다. 제철에만 구할 수 있는 식재료를 간장, 된장, 고추장에 넣었다가 맛이 들면 그대로 먹거나 양념해서 먹는 장아찌는 오랜 시간 기다림과 숙성을 거쳐야 맛볼 수 있는 발효 음식이기 때문이다. 또한 제철 채소와 과일 등의 식재료를 제때 갈무리하고 소중하게 다루는 마음, 남은 자투리 식재료를 버리지 않고 귀한 맛과 가치를 더하는 마음을 담은 음식이 바로 장아찌이기 때문이다.

약선 음식을 연구·개발하던 중 산야초로 발효액을 만들기 시작하면서 전통 저장 음식인 장아찌에 관심을 가지는 계기가 되었다. 막상 공부를 시작해보니 다양한 산야초로 만든 발효액을 요리에 활용하기가 꽤 까다로웠다. 그래서 조미료가 될 수 있는 마늘, 생강, 고추, 톳 등으로 발효액을 만들어 활용하도록 레시피를 개발하고 책을 쓰기도 했다.

식재료 공부와 약선 음식 연구를 거듭하면서 몸에 좋은 산야초 등으로 장아찌로 만들면 좋겠다는 생각이 들었다. 평소 새로운 식재료를 찾아 전통 5일장, 재래시장을 즐겨 찾아 제철에 만난 귀한 산나물과 약초 등으로 장아찌를 만들어 보관하기 시작했다.

그런데 막상 장아찌를 연구하고 레시피를 만들면서 참고할 만한 옛 문헌과 전문 연구 자료 등이 생각보다 다양하지 않았다. 옛날 먹을거리가 많지 않던 시절, 우리의 밥상을 든든히 지켜온 장아찌인데 단순히 밥을 넘기기 위한 수단쯤으로 여기다 보니 그 가치를 인정받지 못한 것 같았고, 또한 다른 한국 음식들에 비해 잘 활용하고 계승하려고 연구한 흔적이 적어서 안타까운 마음이 들었다.

장아찌는 우리나라 기후 특성상 채소가 자랄 수 없는 겨울철에 채소를 먹기 위한 방편이었다. 철따라 나오는 여러 가지 채소를 장아찌로 만들어 장기간 저장해두고, 밥상에 채소가 부족하지 않도록 대비한 것이다. 각종 채소 장아찌는 자칫 비타민, 무기질 등의 섭취가 부족하기 쉬운 겨울철에도 영양을 보충해줄 수 있는 귀중한 반찬이었다.

화려하고 값비싼 고급 음식에 비해 장아찌는 소박하지만, 기름진 육류나 튀김 위주의 식단과 같이 한쪽으로 치우칠 수 있는 영양소의 균형을 맞춰주는 고마운 음식이다.

요즘은 계절에 상관없이 신선한 채소를 먹을 수 있고, 패스트푸드와 간편식 등 빠르고 자극적인 음식에 대한 선호가 높아 장아찌에 대한 기호와 관심이 낮아진 것은 사실이다. 그러나 아직도 장아찌는 간간하면서도 개운한 맛으로 잃어버린 입맛을 찾아주고 되살려주는 밥도둑 역할을 톡톡히 해낸다.

장아찌는 우리 전통 발효 식품의 하나이면서 재료에 따라 독특한 풍미를 갖는 절임 식품이다. 채소부터 해조류, 산야초, 과일, 해산물까지 우리가 접하는 거의 대부분의 식재료를 장류와 술지게미, 소금 등의 절임원으로 발효 숙성하는 과정을 거친다.

오래전부터 우리 식탁에서 입맛을 돋우는 반찬으로 애용해온 장아찌는 재료와 절임 방식에 따라 맛과 향, 식감이 다양하다. 특히 발효 숙성 과정에서 생성되는 유기산과 그 외 미량 성분 등은 우리 식욕을 자극하는 데 큰 역할을 한다.

흔히 장아찌가 김치와 더불어 나트륨의 주범이자 짠 음식의 대명사로 여겨지는 것이 안타깝다. 저장 시설이 발달하지 않았던 시절, 우리 선조들은 싱싱한 채소가 시들고 상하는 것을 막기 위해 소금 등에 절여 장아찌를 담그는 지혜를 발휘했다. 그러나 오늘날에는 냉장고, 김치냉장고와 같은 저온 저장 시설 등의 보관 기술의 발달 덕분에 염도를 줄여서도 보관이 가능해졌다.

어떻게 먹느냐에 따라 바쁜 현대인에게 장아찌는 간단하고 좋은 반찬이 될 수 있다. 특히 나 혼자 먹는 '혼밥 시대'를 맞아 패스트푸드와 가정간편식(HMR · 완전조리식품이나 반조리 식품을 집에서 간단히 데워 먹을 수 있는 요리) 등 간편한 음식 위주의 한 끼 식사가 보편화되었지만 맛있는 장아찌만 있다면 손쉽게 '집밥'을 먹을 수 있다. 또 장아찌는 타지에서 현지 음식이 입맛에 안 맞아 고생할 때 제격인 밑반찬이자, 해외에 살고 있는 유학생 및 재외동포들의 향수를 달래주는 전통 음식이기도 하다.

장아찌가 계속해서 밥상의 감초 역할을 할 수 있으려면 주먹구구식이 아니라 표준화된 레시피 개발과 연구가 필요하다. 더 나아가 음식문화와 소비 트렌드를 반영한 고급화 전략으로 장아찌를 상품화하고 수출까지 확대할 수 있도록 여건 조성이 필요한 시점이다.

이 책을 통해 오랫동안 연구 개발한 장아찌 레시피를 소개하고, 장아찌의 가치를 알릴 수 있는 기회가 되길 바라는 마음이다. 우리가 흔히 먹는 무 장아찌, 마늘 장아찌, 깻잎 장아찌부터 몸에 좋은 산야초로 담근 장아찌, 아삭하고 감칠맛이 입맛을 살려주는 과일 장아찌까지 맛내기 비법이 담긴 150여 가지 레시피를 소개한다.

앞으로 누구나 쉽게 맛있는 장아찌를 밥상에 올릴 수 있길 기대하며, 장아찌를 현대적으로 재해석하고 품격과 가치를 높이는 일에 도움이 되었으면 한다.

2018년 7월

이 선 미

슬로푸드
PART 1
장아찌
이야기

PART 2

입맛 살리는

고추장
장아찌

PART 5

장아찌
활용법과
FAQ

슬로푸드
장아찌
이야기

나트륨 섭취의 주범?
장아찌는 억울하다!

최근 들어 고혈압, 뇌졸중 등 각종 성인병의 원인이 나트륨으로 지목되면서 나트륨 섭취에 대한 우려의 소리가 높다. 사실 나트륨은 우리 몸의 수분과 호르몬 조절, 세포의 물질 교환에 관여하는 등 인체 대사에 꼭 필요한 영양소다. 문제는 과도한 섭취일 터다. 안타깝게도 한국인의 과도한 나트륨 섭취가 언급될 때마다 장아찌나 김치가 주범으로 몰린다. 한국인의 하루 평균 나트륨 섭취량은 약 3,389㎎으로, 세계보건기구(WHO) 권장량의 1.5배에 달한다.(WHO 권장 섭취량 하루 2,000㎎) 가히 나트륨 과다라 할 만하다.
그런데 나트륨 과다 섭취가 정말 장아찌와 김치 때문일까?

경기도보건환경연구원은 2017년 5~6월, 시중에 판매 중인 배추김치 10개 제품을 대상으로 나트륨, 칼륨, 비타민 C, 유산균 수 등 영양성분 함량 조사를 벌였다. 검사 결과, 김치 100g당 들어 있는 나트륨은 평균 591㎎이었다. 칼륨과 비타민 C는 각각 250㎎, 7.0㎎, 유산균은 1g당 2,000만 마리가 들어 있었다.
칼륨은 나트륨을 배출하는 역할을 한다. 즉, 나트륨의 절대 수치보다는 나트륨과 칼륨의 비율이 중요하다. 위 조사에서 김치의 나트륨 대 칼륨(Na/K) 비율은 2.4였다. 가공식품인 햄(4.4), 치즈(13.8) 등의 비율보다 훨씬 낮은 셈이다. 나트륨 때문에 김치가 몸에 좋지 않다는 일반적인 인식과는 상반된 결과다. 김치는 나트륨 함유량이 높지만 칼륨 함량도 다른 식품보다 높아 그만큼 배출이 가능하므로 나트륨 섭취에 따른 부작용을 방지할 수 있다. 그뿐 아니라 김치의 유산균은 유해세균을 억제하고 소화효소를 잘 나오게 하며 배변활동을 돕는 등 우리 몸에 이롭다.

그렇다면 장아찌는 어떨까?

우리가 흔히 먹는 장아찌의 나트륨 함량은 장아찌 30g당 200~400mg이다. 이때 장아찌 중량 30g이란 마늘 장아찌를 예로 들면 마늘 7~8조각에 해당한다. 다른 반찬 없이 장아찌만 먹는다면 조심해야 하는 수준은 맞다. 소금, 간장, 고추장, 된장 등 염도가 높은 장에 절여 먹는 음식이다 보니 너무 많이 먹으면 나트륨 섭취량이 염려되는 것은 사실이다. 하지만 우리가 밥을 먹을 때 장아찌만 한 보시기 먹는 것은 아니지 않은가.

장아찌는 각종 채소가 소금, 간장, 된장, 고추장에 절여지면서 깊은 맛과 향을 내는 우리 고유의 음식이다. 채소가 나지 않는 계절에도 채소의 영양소를 섭취하고자 했던 옛 조상의 지혜가 고스란히 담겨 있는, 우리가 지키고 계승해야 할 전통이자 문화다. 그 맛 또한 오랜 발효에서 온 독특한 향과 깊은 맛이 덧입혀지면서 개운함과 칼칼함으로 입맛을 사로잡는다. 칼륨 성분이 많은 채소, 콩, 감자 등과 함께 먹으면 나트륨 배출을 원활하게 하면서도 입맛을 돌게 하는 화룡점정의 역할을 한다.

맛깔스럽고 풍요로운 밥상을 이끌던 장아찌가 고염 식품이라는 선입견과, 옛날식 저장음식이라는 고정관념에서 벗어나지 못하는 현실은 매우 안타깝다. 이를 극복하기 위해서는 저염도의 맛있는 장아찌를 연구·개발하고 상품화하는 노력이 필요하다. 그동안 재료 전처리 과정에서 소금에 절였다면 염도를 좀 더 낮추는 방법을 찾거나, 몸에 좋은 산야초나 나물류 등 재료 본연의 맛과 기능성을 살려 장아찌를 만드는 것도 좋은 방법이다.

슬로푸드
'장아찌로 차린 집밥'이
웰빙식

장아찌는 한국인의 주식인 밥과 찰떡궁합을 이룬다. 그런데 쌀을 주식으로 하는 한국인의 밥상에서 김치와 함께 중요한 밑반찬이 되었지만 그만큼 귀한 음식으로 취급되지는 않았다. 오히려 먹을거리가 풍족하지 않던 가난한 시절을 연상시키는 음식이었다. 지금도 찬밥 한 덩이 물에 말아 장아찌 한 쪽씩 올려 먹으며 끼니를 해결하던 시절을 떠올리게 하는 하찮은 음식으로 치부하는 분위기가 많다.

다행히 최근 들어 장아찌가 슬로푸드이자 패스트푸드로 새롭게 조명받기 시작해 고무적이다. 장아찌를 만드는 데 필요한 것은 신선한 재료와 시간이다. 장아찌는 식재료가 절임원에 의해 충분히 절여질 때까지 인고의 시간을 지내야만 맛볼 수 있는 대표적인 슬로푸드다. 반면에 숙성 시간이 많이 걸리지만 한번 만들어놓으면 쉽게 꺼내 밥 한 공기 뚝딱 해치울 수 있게 해주는 패스트푸드이기도 하다.

나이 드신 분들은 흔히 그리운 옛 시절의 음식을 먹을 곳이 없다고 이야기한다. 컵라면과 레토르트 즉석 식품으로 대충 한 끼를 때우는 혼밥족들 또한 역설적으로 집밥을 그리워한다. 나는 이들에게 슬로푸드이자 패스트푸드인 장아찌를 먹어보라고 권하고 싶다. 맛있는 장아찌를 만들어놓으면 밥상을 차리기도 수월하고, 입맛을 돋우는 그리운 밑반찬으로도 안성맞춤이기 때문이다.

장아찌에 관한 최초의 기록은 고려 후기 시문집인 《동국이상국집(東國李相國集)》에서 찾아볼 수 있다. 장류를 이용한 '무 장아찌'에 대한 기록인데, "좋은 장을 얻어 무를 재우니 여름철에 좋고 소금에 절여 겨울철에 대비한다."라고 장아찌에 대해 상당히 구체적으로 읊고 있다.

조선 시대에는 여러 조리서와 농서에 다양한 장아찌가 상세하게 기록되어 있다. 조선 초기의 문헌인 《사시찬요초(四時纂要抄)》에는 오이 장아찌, 가지 장아찌 등이 나와 있는데, 대체로 재료를 된장과 밀기울로 절였다. 조선 중기의 기록인 《증보산림경제(增補山林經濟)》에는 장아찌의 절임원이 청장, 즙장, 된장, 젓갈 등으로 확대되었고 장아찌의 수 또한 엄청나게 늘었다.

이처럼 오랜 역사를 가진 장아찌는 긴 시간 맛이 들도록 기다리는 숙성의 과정을 거친다. 짧게는 몇 주에서 길게는 수년 동안 저장할 수 있는 장아찌는 우리 고유의 발효 식품으로, 오래 두어야 제맛이 나는 슬로푸드로 자리매김해왔다. 미리 장아찌를 만들어 겨우내 비축해두고, 이듬해 봄까지 채소를 꾸준히 섭취할 수 있는 방법을 찾은 조상들의 지혜였던 것이다.

장아찌는 일반적으로 재료를 소금 등에 절이거나 햇볕에 건조하는 등의 전처리를 하고서 장류에 담가 만든다. 이때 삼투압에 의해 채소의 수분은 밖으로 빠져나오고 장(醬)의 성분은 안으로 스며들어 채소의 조직이 연해진다. 또한 염분이 스며들어 효소에 의한 소화 작용이 촉진되고 유효 미생물에 의해 발효되어 장아찌가 된다. 장류에 장시간 절여 저장함으로써 유해 미생물의 생육이 억제되어 장기간 보존이 용이하게 된다.

다양한 채소와 각 지역별 특산물을 장기간 저장하고 섭취하기 위한 방법으로 활용했기 때문에 장아찌는 종류가 다양하다. 비록 오래 두고 먹을 수 있도록 일부러 짭짤하게 간을 했지만 그 덕에 잃었던 입맛과 기운을 살려주는 밥반찬이었다.

이제는 장아찌를 단순히 저장성을 높이기 위한 음식이자 밥맛을 살려주는 간간한 밑반찬 정도로 취급하지 말고 그 가치를 재발견해야 한다. 이를 위해 채소나 과일 등으로 장아찌를 가공하고 상품화해 농산물 수급을 조절하고 부가가치를 높이는 방안을 모색해야 할 때다.

일례로 채소 등을 장아찌로 가공하면 제철 채소와 과일의 홍수 출하기에 산지 출하량 증가로 가격이 폭락해 어려움을 겪는 농가에도 도움이 될 것이다. 그뿐만 아니라 주부와 음식점 경영자 등도 기후나 작황 상태의 영향으로 식재료 값이 폭등할 때를 대비해 장아찌를 담가두면 요긴하게 활용할 수 있어 좋다.

장아찌란 무슨 말일까?

장아찌는 한자로 장과(醬瓜)라고도 하는데, 제철에 나는 흔한 채소를 소금에 절이거나 꾸덕꾸덕
하게 말려 간장이나 고추장, 된장 등에 넣어 오랫동안 저장해두었다가 먹는 것이다. 장아찌란
'장아'라는 한자어와 김치를 뜻하는 '지'가 결합해 생긴 말이다. '장아'는 간장, 고추장과 같은
장(醬)을 말한다.

장아찌를 언제부터 먹었을까?

장아찌의 역사는 인류가 식품을 저장해서 먹은 최초의 원초형 절임류에서 시작된다고 할 수 있
다. 장아찌 등 절임 음식을 먹은 것은 삼국 시대부터인 것으로 보인다. 절임 음식에 대한 당시
기록은 없으나 삼국 시대의 채소류 재배 상황과 장, 술, 저(菹, 김치) 등 발효 식품의 가공 기술
이 정착된 점으로 미루어 볼 때 장아찌를 절임의 형태로 식용했을 것으로 추정한다.

장아찌에 대한 최초의 기록은 고려 시대 중엽 이규보가 쓴 《동국이상국집》에 담긴 〈가포육영(家
圃六詠)〉이다. 그러나 절인 야채를 된장이나 고추장에 넣어 삭히는 장아찌와, 절인 야채를 고춧
가루에 버무리는 김치가 확실히 구분되어 발달한 것은 고추와 마늘 양념이 일반화된 조선 중기
이후부터다.

《농가월령가(農家月令歌)》에서 농촌 부녀자들이 하던 연중행사 중에 음식에 관계되는 것을 찾아
보면 다음과 같은 것이 있다. 7월령에는 "채소 과일 흔할 적에 저축을 많이 하소. 박·호박고지
켜고 외·가지 짜게 절여 겨울에 먹어보소. 귀물이 아니 될까", 9월령에 "타작점심 하오리라 황
계 백숙 부족할까. 새우젓, 계란찌개 상찬으로 차려놓고 배춧국, 무나물에 고춧잎 장아찌라. 큰
가마에 안친 밥이 태반이나 부족하다"라 하였다. 이 대목에서 당시 장아찌가 필수 음식이었으며
입맛을 돋우는 기호 식품이었음을 알 수 있다.

재료의 전처리가
장아찌 맛 좌우

저장 식품인 장아찌를 만들 때 가장 중요한 것은 재료의 전처리 과정인 수분 제거다. 식품의 수분 활성은 미생물의 번식과 성장, 효소 작용 및 각종 화학 반응에 영향을 미치므로 품질에 미치는 영향이 매우 크다. 물은 식품의 변성과 변패의 주요 인자이므로 특히 보존성이 요구되는 식품에서는 수분 활성도를 한계 이하로 낮춰야 한다.

평소 관심을 가지고 시험해본 결과, 맛있는 장아찌 만들기의 포인트는 재료마다 적정한 전처리, 즉 적정한 수분 제거가 가장 중요하다는 걸 알았다. 가령 무 장아찌는 무를 적당한 크기로 잘라서 쓰느냐, 아니면 통으로 쓰느냐에 따라 전처리 방법이 달라진다. 선조들은 무 장아찌를 만들 때 동치미를 담그듯이 소금에 절여서 된장이나 고추장 등에 박았다. 내가 개발한 방식은 생무 1개를 6토막 정도로 잘라 바람이 좋을 때 1~2일 정도 자연 건조한 후, 수분이 약간 빠진 상태에서 뜨거운 양념장에 투하하는 것이다. 끓는 양념장에 무를 넣어 그대로 식히기를 10회 정도 반복한 후 남은 양념장에 담아서 냉장 보관하며 숙성시킨다.

옛날 장아찌는 고염도의 장류에 담가 숙성했기 때문에 염도가 높을 수밖에 없었다. 그래서 장아찌를 먹을 때 한 끼 분량만큼 꺼내 물에 씻거나 우려서 짠맛을 제거한 다음 다시 양념을 해서 먹었다. 지금은 가정마다 1~0℃를 유지하는 김치냉장고와 일반 냉장고 등을 갖추고 있지만, 저장 기술이 발달하지 않았던 시절에는 미생물의 번식을 억제하기 위해 염도를 높여서 저장해야 했다. 실제로 옛 문헌을 보면 고추장, 된장 장아찌는 재료의 수분 제거를 위해 소금물에 여러 날 담근 후 고추장, 된장에 넣어 발효 숙성하는 방식으로 만들었다.

지금은 장아찌를 담근 후 냉장고 등에 넣어 숙성시키기 때문에 상대적으로 저염 보관이 가능하다. 또한 재래식 장아찌의 지나치게 짠 문제를 해결하는 방안으로, 재료의 수분을 제거할 때 소금 대신 물엿이나 설탕 등을 활용하는 것도 좋은 방법이다.

일례로 재래 방식의 참외 장아찌는 덜 익은 참외를 소금에 절였다가 고추장(된장)에 박아서 만든다. 나는 참외의 수분을 제거하는 방법으로 소금만이 아니라 설탕을 적극 활용한다. 먼저 참외의 씨를 제거한 후 천일염을 과육 무게의 3~5%, 설탕을 3~5% 넣고 무거운 것으로 하루 정도 눌러서 수분을 제거한다. 이때 물엿을 조금 넣어주면 수분이 잘 빠진다. 이어서 참외의 수분과 짠맛이 빠진 물은 버리고 그늘에서 꾸덕꾸덕해질 때까지 말린다. 수분을 지나치게 빼면 장아찌 양념장이 스며들지 않기 때문에 꾸덕꾸덕한 정도가 적당하다. 이때 식품건조기를 사용하려면 38~40℃에서 말린다. 조청, 생강즙, 청주, 고추장(된장)으로 만든 양념장으로 참외를 버무려 냉장 보관하며 숙성시키면 아삭하고 향이 좋은 참외 고추장(된장) 장아찌를 맛볼 수 있다.

서양 음식에 피클과 샐러드가 있듯, 한국 음식에는 장아찌와 나물 무침 등이 있다. 그런데 서양의 피클과 샐러드는 만드는 공식인 표준 레시피가 있지만, 나물 무침은 종류에 따라 어느 정도 굵기로 잘라 삶거나 데치고 볶느냐 등 방법이 다양하다. 장아찌도 채소의 종류마다 절이는 시간, 간장·고추장·설탕 등의 재료 비율이 모두 달라 만들기가 어렵다.

특히 양념 맛이 아니라 재료 고유의 향이 살아 있고 발효·숙성이 잘된 장아찌 맛을 즐기려면 뿌리채소, 산채류(나물), 과일 등 재료마다 전처리 방식과 만드는 법, 숙성 기간 등을 달리해야 한다. 최근 몇 년 사이에 장아찌에 대한 연구와 제조 방법 특허 출원 등이 늘고 있지만, 가공 기술 표준화와 장아찌를 이용한 개발 메뉴 상용화는 아직 갈 길이 멀다.

앞으로 재료 특성에 따라 소금, 물엿, 설탕 등에 절이는 시간과 적합한 양념 비율 등의 표준화를 통해 품질을 한 단계 높이고 다양한 상품을 개발해 장아찌의 가치를 높일 필요가 있다. 또한 산야초나 산나물이 나는 주산지에서 장아찌를 지역 특산품으로 가공해 관광 상품으로 활용하면 농가 소득 증진은 물론 지역 경제 활성화에도 도움이 되지 않을까 생각해본다. 또한 지역의 농산물과 특산품을 장아찌로 가공하고 지역의 관광·문화 상품과 연계해서 특화하는 것도 좋지 않을까?

장아찌 맛내기 비법
양념장 기본 레시피

【 **고추장 장아찌** 기본양념 】

재료 분량 500g

양념장
고추장 1.5컵
청주 1/2컵
조청 1컵
다진 마늘 3큰술
생강즙 2큰술
맛술 1/2컵
간장 2큰술
고운 고춧가루 2큰술

1 고추장을 제외한 양념장 재료를 중불에서 4~5분 끓인 후 불을 끈다.

2 고추장을 넣고 잘 섞어 다시 1~2분 끓인다.

과일 장아찌 등 고추장 장아찌 기본 양념

 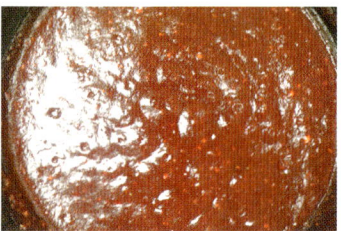

1. 이 책에 소개한 고추장, 된장, 간장 등의 레시피 분량은 시중에 판매되는 제품 기준이다. 집에서 만든 장의 경우 염도를 생각해서 조금 더 분량을 줄여서 써야 한다.

2. 재료 분량은 대부분 손질하기 전 기준으로 했다.

1컵 = 200ml
1큰술 = 15ml
1작은술 = 5ml

＊물 기준임
＊정확한 레시피를 위해 계량도구는 꼭 갖추어야 한다.

【 된장 장아찌 기본양념 】

재료 분량 500g

맛국물
멸치 10g
다시마 10×10cm 한 장
건고추 2개
건표고버섯 1개
마늘 15g
생강 5g
물 3컵

양념장
맛국물 1컵
물엿 1컵
설탕 3큰술
다진 마늘 3큰술
생강즙 3큰술
청주 1/2컵
된장 1.5컵

1 멸치는 내장을 제거하고 다시마는 마른행주로 닦고 가장자리를 가위로 듬성듬성 자른다. 건고추와 건표고버섯은 마른행주로 닦고 2~3등분한다. 양파, 마늘, 생강은 편으로 썬다.

2 기름을 두르지 않은 냄비에 멸치를 살짝 볶은 후, 나머지 맛국물 재료를 넣고 뚜껑을 열고 중약불에서 끓인다.

3 체에 밭쳐 국물만 걸러 맛국물 1컵을 만든다.

4 맛국물에 된장을 제외한 양념장 재료를 모두 넣고 4~5분 정도 끓인 후 불을 끈다.

5 된장을 넣고 잘 섞어 다시 1~2분 끓인다.

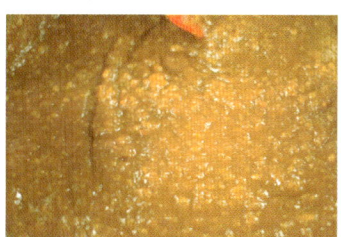

• 알아두면 좋은 장아찌 맛내기 포인트 •

고추장·된장 장아찌 양념장 끓이기 포인트
고추장 장아찌 양념장을 만들 때 고추장을 처음부터 넣으면 볶음 고추장이 된다.
먼저 고춧가루 등 나머지 양념장 재료를 섞어서 끓인 후 불을 끄고,
고추장을 잘 섞어서 다시 끓인다.
고추장 맛의 특징을 살리기 위해 1~2분만 끓이는 것이 포인트.
된장 장아찌 양념장도 먼저 된장을 제외한 재료를 끓인 다음 불을 끄고
된장을 풀어 다시 끓인다.

【 **간장 장아찌** 기본양념 】

재료 분량 500g

맛국물
멸치 10g
다시마 10×10cm 한 장
양파 1/2개
마늘 15g
생강 5g
건고추 1개
건표고버섯 1개
물 4컵

양념장
맛국물 2컵
진간장 1컵
국간장 1/2컵
설탕 1컵
식초 1컵
청주 1/2컵
매실 발효액 1컵

1 멸치는 내장을 제거한다.

2 다시마는 마른행주로 닦고 가장자리를 가위로 듬성듬성 자른다.

3 건고추와 건표고버섯은 마른행주로 닦고 2~3등분한다.

4 양파, 마늘, 생강은 편으로 썬다.

5 기름을 두르지 않은 냄비에 멸치를 살짝 볶은 후,
나머지 맛국물 재료를 넣고 뚜껑을 열고 중약불에서 끓인다.
체에 밭쳐 국물만 걸러 맛국물 2컵을 만든다.

6 맛국물, 진간장, 국간장, 설탕을 넣고 끓으면
청주, 식초, 매실 발효액을 넣고 1분 정도 더 끓인다.

【 장아찌 맛을 살려주는 양념 】

고추씨 가루

고춧가루를 만들 때 방앗
간에서 대부분 제거하는
고추씨는 항암 효과가 뛰
어나고 비타민 C도 풍부
하게 들어 있다. 이를 분
쇄기에 갈아서 사용하면
재료에 따라 장아찌에서
나오는 수분을 흡수하기도
하며, 고추씨에 들어 있는
캡사이신 성분이 장아찌
보관에도 도움을 준다.
특히 여름철 습도가 높을
때 참외 장아찌와 오이지
등 수분이 많은 것은 물이
생기기 쉬운데 이때 고추
씨 가루를 넣으면 좋다.
고추씨가루를 넣으면 수분
을 줄여 보관이 용이하고
방부 효과가 있다.
또 장아찌에 칼칼한 맛을
낼 때도 고추씨 가루를 빻
아서 넣는다.

고추 발효액

고추의 캡사이신이라는 성
분은 산패를 막아주고 젖
산균의 발육을 도와 음식
을 발효시키는 데 도움을
주며, 체지방을 분해하므
로 비만 예방과 치료에 효
과가 있다.
청양고추를 깨끗이 씻어
물기를 제거한 후 잘게 썬
다. 여기에 고추와 같은
양의 설탕을 넣고 가끔 저
어가며 발효시켜서 사용하
면 된다.
엽채류 장아찌의 매콤한
맛을 원할 때 고추 발효액
을 약간 첨가해도 좋다.

표고버섯 가루

표고버섯을 뚝뚝 잘라 팬
에서 기름 없이 볶은 다음
분쇄기에 곱게 갈아 사용
한다.
표고버섯 가루를 고추장
장아찌, 된장 장아찌에
1~2큰술 넣으면 감칠맛이
좋으며, 장아찌에서 나오
는 수분을 흡수해 보관에
도움을 주기도 한다.
표고버섯은 멸치, 다시마
보다 감칠맛이 3배 이상
나므로 무조건 많이 넣는
것은 좋지 않다. 장아찌용
재료가 500g이면 1큰술
정도 넣는다.

생강즙

생강을 다져서 사용하면
즙을 얻기가 어려우므로,
녹즙기를 사용하거나 믹서
에 갈아서 즙으로 만들어
냉동해두고 사용하면 편리
하다.

아미노산의 구수한 맛, 당분의 단맛, 소금의 짠맛과

고춧가루의 매운맛이 잘 어우러진 고추장으로 담근 장아찌.

칼칼하게 매우면서 달큰한 고추장 맛이 조화를 이룬 발효미가 매혹적이다.

고추장이 빚은 장아찌의 붉은색도 곱고,

맛있게 매운 맛은 집 나갔던 입맛도 돌아오기에 충분하다.

입맛 살리는

고추장
장아찌

몸의 독소를 빼주는

가죽나물 고추장 장아찌

봄철에 나는 참죽나무의 새순을 가죽잎나물(가죽나물)이라 한다.
독특한 식감과 특유의 향이 있어 봄철 입맛 돋우는 데 제격인 가죽나물은
무기질과 각종 비타민이 풍부하게 들어 있다.
참쌀풀을 쑤어서 잎에 발라 말린 참죽부각과 가죽 장아찌는
남쪽 지방 특유의 향토 음식에 속한다.
가죽나물은 염증을 가라앉히는 효능과 해독 작용이 있어서
피부가 가렵거나 염증이 생겼을 때 달인 물로 씻어주면 좋다.

재료
가죽나물 1kg

데치기
물 2L
소금 3큰술

맛국물
멸치 10g
다시마 10×10cm 한 장
양파 100g(중 1/2개)
마늘 20g
건고추 2개
물 3컵

양념장
맛국물 1컵
국간장 2큰술
고운 고춧가루 3큰술
청주 1/2컵
다진 마늘 1/2컵
생강즙 3큰술
조청 1컵
고추장 2.5컵

1 가죽나물은 싱싱하고 잎이 여린 것을 준비한다.
끓는 소금물에 가죽나물을 3~4번 나누어 넣어
숨만 죽이는 식으로 데친 후 찬물에 헹구고 물기를 짠다.

가죽 순은 딱딱한 부분을 잘라내야 먹기가 좋다.

2 채반에 널어 바람이 잘 통하는 곳에 두거나 식품건조기
(온도 38~40℃에서 30분 정도)에 넣어 꾸덕꾸덕해질 때까지 말린다.

장아찌 재료를 너무 바짝 말리면 질겨지므로 연한 부분은 반나절,
조금 두꺼운 부분은 하루 정도 꾸덕꾸덕해질 때까지 말린다.

3 맛국물 재료를 중불에서 끓인 다음 국물만 걸러 맛국물 1컵을
만든다. 여기에 고추장을 제외한 양념장 재료를 모두 넣고
중불에서 5~6분 끓인 후 불을 끈다.
고추장을 넣고 잘 섞어 다시 1분 정도 끓인다.

4 식힌 양념장을 말린 가죽나물에 버무리고 용기에 담는다.
양념장을 조금 남겨 위에 덮은 다음, 냉장 보관하며 숙성시킨다.

그냥 먹거나 깨소금, 참기름으로 양념해서 먹는다.

가지 고추장 장아찌

가지의 안토시아닌계 자색 색소는 동맥경화, 고혈압, 심근경색 등
심혈관 질환을 예방하는 데 도움을 준다.
가지는 칼륨이 풍부해 체내에 있는 나트륨을 배출시키는 효능이 있으며
빈혈, 하혈 증상을 개선하고 혈액 속의 콜레스테롤 양을 저하시키는 작용이 있다.
칼로리가 낮아 다이어트에 도움이 되며 항암 효과가 있다.
또한 강력한 소염 기능이 있는 가지 꼭지는 진통과 지열(止熱)에 효과가 크므로
예부터 한약재로 사용되었다. 열을 내리는 성질이 있기 때문에
입안이 헐거나 잇몸이 붓는 등의 잇몸 질환에도 효과적이다.
가지 꼭지를 달인 물로 입을 헹구면 구강 내의 염증을 완화할 수 있다고 한다.

재료
가지 1kg

양념장
고추장 2컵
고운 고춧가루 2큰술
조청 1컵
다진 마늘 1/2컵
생강즙 3큰술
청주 1/2컵

1 가지는 가늘고 작은 것으로 골라 3~4cm 길이로 자른 다음
나무젓가락 굵기로 썬다. 기름을 두르지 않은 팬에 가지를 볶는다.

가지는 빛깔이 선명하고 윤이 나며 꼭지에 흰 부분이 많은 것이 좋다.

2 채반에 넣어 바람이 잘 통하는 곳에 두거나 식품건조기
(38~40℃에서 30분 정도)에 넣어 꾸덕꾸덕해질 때까지 말린다.

3 고추장을 제외한 양념장 재료를 모두 넣고
중불에서 5분 정도 끓인 후 불을 끈다.
고추장을 넣고 잘 섞어 다시 1~2분 끓인다.

4 식힌 양념장을 말린 가지와 버무리고 용기에 담는다.
양념장을 조금 남겨 위에 덮은 다음, 냉장 보관하며 숙성시킨다.

참기름, 깨소금으로 양념해서 먹는다.

• 옛 문헌 속 장아찌 •

가자저(茄子菹: 가지지)

《산가요록》

初霜後, 茄子大小并一斗, 十字
半割, 湯水暫熟, 出乾, 若濕則
以布巾拭之, 大乾爲度. 生蔥蒜
細硏, 十字割斷中啣之, 納缸
後, 艮醬一鉢, 眞油五合, 交
合, 濃熟注之, 待熟用之. 多
少, 以此推之.

첫서리가 내린 후에 크고 작은
가지 한 말을 십자로 가른 것을
반으로 잘라 끓는 물에서 잠깐
데쳤다가 꺼내서 말린다. 축축
하면 베수건으로 다 마를 때까
지 닦아준다. 생파와 마늘을 곱
게 다져서 십자로 가른 한가운
데에 넣고 항아리에 담은 뒤에
간장 한 사발과 참기름 다섯 홉
을 섞어 진하게 끓여 부었다가
익으면 먹는다. 분량은 이 비율
로 짐작한다.

▶《산가요록》은 현재 우리나라에 전
해오는 것 중 가장 오래된 음식책으
로 1450년경 당시 어의였던 전순의
가 지은 책이다.

1-1

1-2

2

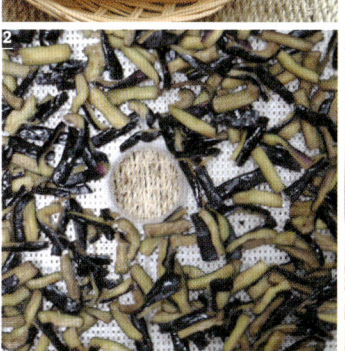

4

비타민 풍부하고 질병 저항성 높이는

감(단감) 고추장 장아찌

단감은 한랭한 기온에 약한 편이라
우리나라 남부인 경남의 김해, 밀양, 거창, 의령 등에서 많이 재배한다.
비타민 A와 C가 사과보다 6배나 많고, 질병에 대한 저항성을 높이는 효능이 있다.
종기·염증 질환·부스럼·화상을 치료하고, 고혈압을 예방하고 동맥경화를 개선하며,
숙취를 풀어주는 효능이 있다고 알려져 있다. 감기 예방에도 효과적이다.

재료
단감 10개

1차 양념
간장 2큰술

양념장
고추장 2컵
물엿 1컵
청주 1/2컵
생강즙 3큰술
다진 마늘 3큰술

1 씨가 적고 노랗고 단단한 감을 골라 깨끗이 씻은 다음
꼭지를 제거한다.
손질한 감은 1cm 정도의 두께로 썰고 씨를 제거한다.

==단감은 무르기 쉬우므로 단단한 것으로 준비한다.==
==껍질이 탄력과 윤기가 있고 표면이 고르며 꼭지가 매끈하게 붙어 있는 것을==
==고르는 것이 좋다.== ✏

2 채반에 넣어 바람이 잘 통하는 곳에 두거나
식품건조기(온도 38~40℃)에 넣어 꾸덕꾸덕해질 때까지 말린다.

3 말린 감에 간장을 골고루 뿌려 버무린다.

4 고추장을 제외한 양념장 재료를 중불에서 3분 정도 끓인 후
불을 끈다. 고추장을 넣고 잘 섞어 다시 1분 정도 끓인다.

5 식힌 양념장을 말린 감과 버무리고 용기에 담는다.
양념장을 조금 남겨 위에 덮은 다음, 냉장 보관하며 숙성시킨다.

《동의보감》에서는
감의 약효 말고도,
감이 좋은 일반적인 이유 7가지를
다음과 같이 말한다.

첫째는 나무가 오래 살고,
둘째는 그늘이 많고,
셋째는 새가 둥지를 틀고,
넷째는 벌레가 없고,
다섯째는 단풍이 들어서 좋으며,
여섯째는 과실이 아름답고,
일곱째는 떨어진 잎이 곱고 크다.

고추장
장아찌

감태 고추장 장아찌

감태는 매생이, 파래와 비슷하나, 매생이보다는 굵고 파래보다는 가늘다.
12월부터 다음 해 2월까지 주로 채취하여 겨울철 별미로 이용한다.
우리나라 부산 가덕도 해역을 비롯해 경남 사천, 전남 장흥·무안 등지 청정 지역에서 서식하며,
민물과 바닷물이 섞이는 갯벌 주변에서 잘 자란다.
미네랄, 비타민, 섬유질이 풍부하고 철분 함량이 높은 편이라
빈혈 예방에 좋으며, 우유보다 칼슘이 더 많다.
푸코이단(fucoidan)이 풍부해 노폐물 배출과 면역력 상승을 돕는다.
또 요오드가 풍부해서 신진대사를 원활하게 하고
혈관 안에 있는 나쁜 콜레스테롤을 배출시켜 동맥경화증 등의 혈관계 질환을 예방한다.

재료
말린 감태 100g

양념장
고추장 1컵
맛술 1컵
조청 1컵
생강즙 3큰술
식초 3큰술
설탕 3큰술

1 말린 감태는 찬물에서 재빨리 씻어 이물질을 없앤 후
채반에 넣어 살짝 말린 다음 엉긴 부분이 없도록 손질해
4~5cm 길이로 자른다.

2 고추장을 제외한 양념장 재료를 바글바글 끓인 후 불을 끈다.
고추장을 넣고 잘 섞어 다시 1~2분 끓인다.

3 뜨거운 양념장을 감태 사이사이에 부어 버무리고 용기에 담는다.
양념장을 조금 남겨 위에 덮은 다음, 냉장 보관하며 숙성시킨다.
그냥 먹거나 참기름이나 들기름, 깨소금 등으로 양념해서 먹는다.

겨울철에 나오는 감태(가시파래)는 채반에 담아 흐르는 물에 한 번 살짝 씻는다.
감태는 너무 오래 씻거나 물에 담가두면 상하므로 주의한다.
물기를 꼭 짜고 채반에 넣어 바람이 잘 통하는 곳에 두거나
식품건조기(온도 38~40℃)에 넣어 잘 말린 다음 사용한다.
해조류는 식초를 약간 넣으면 비린 맛이 제거되지만
매생이는 풀어질 수 있으므로 넣지 않는다.

단백질 함량 높은 향신 채소

갓 고추장 장아찌

갓은 한자로 개채(芥菜)이며 '겨자'로도 부르는데, 매운맛이 강한 잎과 줄기는 주로 김치로 담가 먹는다.
씨앗은 매운맛이 강하고 특유의 향과 맛이 있어서 양념과 약재로 쓴다.
갓의 잎과 줄기는 채소지만 의외로 단백질이 많으며 비타민 A와 C가 풍부하다.
갓에 풍부한 루테인(lutein)은 눈의 망막과 황반, 수정체의 색소 성분을 외부 자극에서 방어하는 작용을 하므로
눈 질환을 예방하며, 동맥경화 위험을 감소시켜 심장 건강에 도움이 된다.

재료
갓 1kg

데치기
물 2L
소금 2큰술

맛국물
멸치 20g
다시마 10×10cm 한 장
양파 100g(중 1/2개)
건고추 2개
마늘 30g
생강 10g
건표고버섯 2개
물 3컵

양념장
맛국물 1컵
물엿 1.5컵
설탕 3큰술
다진 마늘 1/2컵
생강즙 3큰술
청주 1/2컵
고추장 2컵

1 갓은 다듬어서 깨끗이 씻는다.
끓는 소금물에 갓을 3~4번 나누어 넣어 살짝 데친 다음
찬물에 헹구고 물기를 짠다.

2 채반에 널어 바람이 잘 통하는 곳에 두어
꾸덕꾸덕해질 때까지 말린다.

3 맛국물 재료를 중불에서 끓여 맛국물 1컵을 만든다.
맛국물에 고추장을 제외한 양념장 재료를 모두 넣고
중불에서 5~6분 끓인 후 불을 끈다.
고추장을 넣고 잘 섞어 다시 1~2분 정도 끓인다.

4 식힌 양념장을 말린 갓과 버무리고 용기에 담는다.
양념장을 조금 남겨 위에 덮은 다음, 냉장 보관하며 숙성시킨다.

그냥 먹거나 깨소금, 참기름으로 양념해서 먹는다. ✏️

06 풍을 막아주는
갯기름나물(식방풍) 고추장 장아찌

방풍이라 불리는 갯기름나물은 폐와 간에 도움을 주며, 항산화, 항염 효과가 있다.
갯기름나물 말고도 방풍으로 불리는 약초들은 모두 풍증을 제거하는 데 효험이 있다.

재료
갯기름나물(식방풍 잎) 1kg

데치기
물 2L, 굵은소금 2큰술

맛국물
멸치 10g
다시마 10×10cm 한 장
양파 100g(중 1/2개)
마늘 30g
건고추 2개
건표고버섯 1개
물 4컵

양념장
맛국물 2컵
고운 고춧가루 3큰술
고추장 2컵
마늘 1컵
생강즙 3큰술
간장 2큰술
물엿 1컵
청주 1/2컵

1 부드러운 갯기름나물을 준비해 깨끗하게 씻는다.
끓는 소금물에 갯기름나물을 3~4번 나누어 넣어 데친 다음
찬물에 헹구고 물기를 짠다.

2 채반에 널어 바람이 잘 통하는 곳에 두어
꾸덕꾸덕해질 때까지 말린다.

3 맛국물 재료를 중불에서 끓여 맛국물 2컵을 만든다.
맛국물에 고추장을 제외한 양념장 재료를 모두 넣고
중불에서 5분 정도 끓인 후 불을 끈다.
고추장을 넣고 잘 섞어 다시 1~2분 끓인다.

4 식힌 양념장을 말린 갯기름나물과 버무리고 용기에 담는다.
양념장을 조금 남겨 위에 덮은 다음, 냉장 보관하며 숙성시킨다.

그냥 먹거나 깨소금, 참기름으로 양념해서 먹는다. ✏️

식이섬유부터 안토시아닌까지 영양 듬뿍

고구마 줄기 고추장 장아찌

고구마 줄기는 수용성 식이섬유가 풍부할 뿐 아니라 단백질의 함량이 높고 필수 아미노산도 골고루 함유되어 있다.
비타민 A, C, E와 칼슘, 칼륨, 철, 아연 등의 무기질, 폴리페놀, 안토시아닌, 플라보노이드 등
항산화 물질을 많이 갖고 있다. 특히 눈에 좋은 루테인도 있어 백내장 등 안질환 예방에 효과적이다.

재료
고구마 줄기 1kg

데치기
물 2L
소금 2큰술

맛국물
멸치 10g
다시마 10×10cm 한 장
건표고버섯 1개
마늘 30g
건고추 2개
물 3컵

양념장
맛국물 1컵
청주 1/2컵
물엿 1컵
생강즙 2큰술
다진 마늘 1/2컵
고추장 2컵

1 고구마 줄기를 깨끗이 씻는다. 끓는 소금물에 고구마 줄기를
3~4번 나누어 넣어 살짝 데친 다음 찬물에 헹군다.

2 고구마 줄기의 껍질을 벗기고 채반에 넣어
바람이 잘 통하는 곳에 두거나 식품건조기(온도 38~40℃)에 넣어
꾸덕꾸덕해질 때까지 말린다.

3 맛국물 재료를 중불에서 끓여 맛국물 1컵을 만든다.
맛국물에 고추장을 제외한 양념장 재료를 모두 넣고
중불에서 4~5분 끓인 후 불을 끈다.
고추장을 넣고 잘 섞어 다시 1~2분 끓인다.

4 식힌 양념장을 말린 고구마 줄기와 버무리고 용기에 담는다.
양념장을 조금 남겨 위에 덮은 다음, 냉장 보관하며 숙성시킨다.

소화가 잘 되게 하는

고들빼기 고추장 장아찌

'고채'라고도 불리는 고들빼기는 나물로도, 약으로도 사용하는 채소다.
야생 고들빼기는 매우 떫고 쓰지만, 쓴맛이 입맛을 돋워 소화 기능을 촉진한다.
잠을 몰아내는 효과가 있어 수험생에게 도움을 줄 뿐만 아니라 피부 미용에도 효과적이다.
한방에서 고들빼기는 성질이 찬 약재에 속하며, 각종 스트레스로 인한 염증, 즉 장염, 이질, 두통, 치통 등에
좋은 효과를 보인다. 특히 위장 질환으로 음식을 잘 소화하지 못할 때 도움을 준다.

재료
고들빼기 1kg

데치기
물 2L
소금 2큰술
설탕 1큰술

양념장
맛술 1/2컵
물엿 1.5컵
설탕 3큰술
다진 마늘 1/2컵
생강즙 3큰술
청주 1/2큰술
고운 고춧가루 2큰술
고추장 2컵

1 고들빼기는 잔뿌리를 다듬고 솔로 잘 씻어 준비한다.
끓는 물에 소금, 설탕을 넣고 다시 끓으면 고들빼기를 3~4번
나누어 넣어 살짝 데친 다음 찬물에 헹구고 물기를 짠다.

쓴맛이 싫다면 찬물을 갈아가면서 3~4시간 정도 우려 쓴맛을 제거한다.

2 채반에 널어 바람이 잘 통하는 곳에 두거나
식품건조기(온도 38~40℃)에 넣어 꾸덕꾸덕해질 때까지 말린다.

3 고추장을 제외한 양념장 재료를 5~6분 끓인 후 불을 끈다.
고추장을 넣고 잘 섞어 다시 1~2분 끓인다.

4 식힌 양념장을 말린 고들빼기와 버무리고 용기에 담는다.
양념장을 조금 남겨 위에 덮은 다음, 냉장 보관하며
3개월 숙성시킨다.

그냥 먹거나 깨소금, 참기름으로 양념해서 먹는다.

고추장
장아찌

고춧잎 고추장 장아찌

고춧잎은 식이섬유, 비타민 등이 풍부해서 다이어트와 피부 미용에 좋다.
특히 고춧잎에 많은 베타카로틴은 암 억제 물질로 알려져 있다.
연한 고춧잎은 끓는 소금물에 데쳐서 나물로 먹고,
단단한 잎은 데쳐서 찬물에 담가 우려낸 후 꼭 짜고
꾸덕꾸덕하게 말려 장아찌를 담근다.

재료
고춧잎 1kg

데치기
물 2L
소금 2큰술

맛국물
멸치 10g
양파 100g(중 1/2개)
생강 5g
다시마 10×10cm 한 장
마늘 10g
건고추 1개
통후추 1작은술
건표고버섯 1개
물 3컵

양념장
맛국물 1컵
다진 마늘 3큰술
생강즙 2큰술
청주 3큰술
고추장 1.5컵
물엿 1/2컵

1 고춧잎은 줄기를 버리고 잎사귀만 깨끗이 씻어 준비한다.
끓는 소금물에 고춧잎을 2~3번 나누어 넣어 데친 다음
찬물에 헹구고 물기를 짠다.

2 채반에 넣어 바람이 잘 통하는 곳에 두거나 식품건조기
(온도 38~40℃)에 넣어 꾸덕꾸덕해질 때까지 말린다.

3 맛국물 재료를 중불에서 끓여 맛국물 1컵을 만든다.
여기에 고추장을 제외한 양념장 재료를 모두 넣고
중불에서 5분 정도 끓인 후 불을 끈다.
고추장을 넣고 잘 섞어 다시 1~2분 끓인다.

4 식힌 양념장을 말린 고춧잎과 버무리고 용기에 담는다.
양념장을 조금 남겨 위에 덮은 다음, 냉장 보관하며 숙성시킨다.

고춧잎 장아찌는 한 달 이상 숙성시킨 후, 먹을 때마다 조금씩 꺼내
참기름과 깨소금을 넣어 양념한다. ✎

·옛 문헌 속 장아찌·

고춧잎 장아찌

《조선무쌍신식요리제법》

서리오기전에 고쵸닙흘 줄거리업시 골라짜서 정하게씨슨후에 데처서 다시물에담거
울려가지고 쏙짜서 웬만큼 말린후에 진장붓고 실고초와 파와 마눌과생강너코
두엇다가먹나니라 무를잘게써러 말려너어도조흐며 해를묵혀먹기도하나니라

1. 서리 오기 전에 고춧잎을 줄기 없이 골라 따서 깨끗하게 씻는다.
2. 데쳐서 다시 물에 담가 우려낸 후 물기를 꼭 짜서 웬만큼 말린다.
3. 간장을 붓고 실고추와 파와 마늘과 생강을 넣어두었다가 먹는다.
4. 무를 잘게 썰어 말려 넣어도 좋으며 해를 묵혀 먹기도 한다.

▶ 《조선무쌍신식요리제법》은 1924년 이용기가 지은 우리나라 음식 책이다. 당시 전해지는
전통음식에 새로운 조리법, 가공법을 덧붙이고 서양, 중국, 일본 등의 요리법을 소개했다.

곤드레나물 고추장 장아찌

'곤드레나물'의 학명은 고려엉겅퀴로 예부터 구황식품으로 이용했다.
강원도 정선과 평창 지역의 특산물로 어린순과 줄기를 식용하는데,
다른 산채들은 주로 봄 한철에만 채취하여 식용하는 반면 곤드레는 여름까지 잎과 줄기가 연해 많이 채취된다.
곤드레는 생으로 쌈을 싸서 먹거나 튀김, 무침, 장아찌 등 다양한 방법으로 조리할 수 있다.
맛이 부드럽고 담백하며 향기가 강하고 씹기가 좋다. 또한 탄수화물, 단백질, 칼슘, 비타민 A 등의 영양이 풍부하다.
한방에서 지혈, 소염, 이뇨 작용, 지열(止熱), 해열, 소종(消腫—종기나 상처를 치료한다는 뜻) 외에도
민간에서는 부인병에 치료약으로 이용한다. 특히 뿌리는 말려서 달여 먹으면 신경통에 좋다.

재료
곤드레나물 1kg

데치기
물 2L
소금 2큰술

맛국물
멸치 10g
다시마 10×10cm 한 장
건표고버섯 2개
건고추 2개
마늘 20g
생강 5g
물 3컵

양념장
맛국물 1컵
다진 마늘 1/2컵
물엿 1.5컵
고운 고춧가루 2큰술
설탕 3큰술
청주 1/2컵
생강즙 3큰술
고추장 2컵

1 곤드레나물은 흐르는 물에 씻고 물기를 뺀다.
끓는 소금물에 곤드레나물을 3~4번 나누어 넣어 데친 다음
찬물에 헹구고 물기를 짠다.

2 채반에 널어 바람이 잘 통하는 곳에 두거나 식품건조기
(온도 38~40℃)에 넣어 꾸덕꾸덕해질 때까지 말린다.

3 맛국물 재료를 중불에서 끓여 맛국물 1컵을 만든다.
맛국물에 고추장을 제외한 양념장 재료를 모두 넣고
중불에서 4~5분 끓인 후 불을 끈다.
고추장을 넣고 잘 섞어 다시 1분 정도 끓인다.

4 식힌 양념장을 말린 곤드레나물과 버무리고 용기에 담는다.
양념장을 조금 남겨 위를 덮은 다음, 냉장 보관하며 숙성시킨다.

곤드레는 다른 나물에 비해 질기므로 3개월 정도 숙성시킨 후 먹는다.
기호에 따라 깨소금, 참기름으로 양념해서 먹는다.

광대나물 고추장 장아찌

광대나물은 이른 봄에 나는 연한 어린잎을 나물 등으로 먹을 수 있으며,
잎, 줄기, 꽃, 뿌리 등은 모두 약으로 이용한다.
맵고 쓴 맛이 나므로 데쳐서 찬물에 담가 잘 우려내어 이용하는 것이 좋다.
약으로 이용하는 전초는 진통, 타박상 등의 치료에 효과가 있는 것으로 알려졌다

재료
광대나물 500g

데치기
물 2L
소금 2큰술

양념장
물엿 1/2컵
설탕 2큰술
고추장 1컵
국간장 2큰술
마늘 2큰술
생강즙 1큰술

1 광대나물은 잘 씻어 물에 1시간 정도 담가둔다.
끓는 소금물에 광대나물을 데친 다음 찬물에 헹구고 물기를 짠다.

2 채반에 널어 바람이 잘 통하는 곳에 두거나 식품건조기
(온도 38~40℃)에 넣어 꾸덕꾸덕해질 때까지 말린다.

3 고추장을 제외한 양념장 재료를 중불에서 3~4분 끓인 후
불을 끈다. 고추장을 넣고 잘 섞어 다시 1~2분 끓인다.

4 식힌 양념장을 말린 광대나물과 버무리고 용기에 담는다.
양념장을 조금 남겨 위에 덮은 다음, 냉장 보관하며 숙성시킨다.
그냥 먹거나 깨소금, 참기름으로 양념해서 먹는다.

1 4-1 4-2

고추장
장아찌

원기 회복에 좋은

굴비 고추장 장아찌

조기는 민어과에 속하는 생선으로,
사람의 기운을 북돋우는 효험이 있다는 데서 이 이름이 붙여졌다.
맛이 좋을 뿐만 아니라 양질의 단백질 등 영양가도 풍부해서
어린이들의 발육과 원기 회복에 좋다.
조기를 소금에 절여 말린 굴비는
옛날 임금님 수라상에 진상될 정도로 맛이 일품이다.

재료
말린 조기(굴비) 살 500g

양념장
고추장 3컵
소주 1컵
다진 마늘 1/2컵
생강즙 5큰술
물엿 1.5컵
간장 2큰술

1 굴비는 깨끗이 씻은 다음 머리를 잘라내고 몸통은 포를 뜬다.

2 채반에 널어 바람이 잘 통하는 곳에서 3~4일 정도 뒤집으며 말리거나, 식품건조기(온도 38~40℃)에 넣어 뒤집으며 말린다.

3 말린 굴비는 껍질을 벗기고 살만 발라내어 찢어서 사용한다.

4 고추장을 제외한 양념장 재료를 중불에서 7~8분 끓인 다음 불을 끈다. 고추장을 넣고 잘 섞어 다시 1분 정도 끓인다.

5 양념장을 말린 굴비 살과 버무리고 용기에 담는다.
양념장을 조금 남겨 위에 덮은 다음, 냉장 보관하며
5~6개월 동안 숙성시킨다.

참기름, 다진 마늘, 통깨로 양념해서 먹는다. ✏️

요즘 굴비는 덜 말린 것이 많으므로, 장아찌로 만들 때는 잘 말려야 한다.
이때 너무 많이 말리면 딱딱하고, 덜 말리면 물러서 식감이 떨어진다.

고추장
장아찌

성인병과 골다공증 예방 효과 있는

꼬시래기 고추장 장아찌

중국의 약학서 《본초강목》을 보면 꼬시래기는 '맛이 달고 성질이 차며 소변을 배출하고 열을 내려준다'고 기록되어 있다.
해조류인 꼬시래기는 가늘고 긴 모습이 면발 같아서 '바다의 냉면'으로 불린다.
풍부한 식이섬유가 체내 중금속과 지방, 노폐물을 흡착해 배출하는 효과가 있고, 칼륨 성분이 혈관을 깨끗하게 해서
혈압 수치를 정상적으로 유지해주므로 고혈압, 고지혈증, 당뇨와 같은 성인병 예방에 효과가 있다.
대장 운동을 항진해서 변비와 대장암 예방에 좋으며, 칼슘이 풍부해 골다공증을 예방하고 청소년기 성장에 도움을 준다.

재료

꼬시래기 1kg

절임액

청주 1/2컵
맛술 1/2컵
물엿 1/2컵
간장 2큰술

양념장

맛술 1컵
물엿 1.5컵
다진 마늘 3큰술
생강즙 3큰술
식초 3큰술
고추장 1.5컵

1 염장된 꼬시래기를 바락바락 주물러 씻은 뒤
   찬물을 바꾸어가며 30~40분 담가 짠맛을 제거한다.
   끓는 물에 꼬시래기를 넣었다가 바로 꺼내어 찬물에 헹군다.

2 데친 꼬시래기는 절임액에 2시간 담갔다가 체에 밭친다.
   이때 절임액은 버린다.

3 채반에 넣어 그늘에 두거나 식품건조기(온도 38~40℃)에 넣어
   물기만 마를 정도로 말린다.

4 고추장을 제외한 양념장 재료를 2분 정도 끓인 후 불을 끈다.
   고추장을 넣고 잘 섞어 다시 1분 정도 끓인다.

5 식힌 양념장을 꼬시래기에 부어 버무리고 용기에 담는다.
   양념장을 조금 남겨 위에 덮은 다음, 냉장 보관하며 숙성시킨다.

   참기름, 깨소금 등으로 양념하여 먹기도 한다. ✎

카테킨이 풍부한

녹차 잎 고추장 장아찌

《동의보감》에 '차는 머리를 맑게 하고 눈을 밝게 하며 이뇨의 효과가 있으며, 잠을 쫓고 독을 풀어준다'는 기록이 있다.
찻잎을 발효시키지 않고 그대로 남겨 녹색을 띠게 한 것이 녹차다.
녹차의 매력인 씁싸름한 맛은 카테킨(catechin)이라 불리는 탄닌 성분 때문인데 항암 효과와
혈관 건강을 지키는 기능을 한다고 알려져 있다. 녹차는 카페인, 탄닌, 비타민 C 등이 있으며,
알코올과 니코틴 해독, 당뇨병, 고혈압, 암 등의 예방과 치료에 효과가 있다고 한다.

재료
녹차 잎 100g

양념장
맛술 1컵
국간장 2큰술
고추장 1.5컵
생강즙 3큰술
조청 1컵

1 녹차 잎은 뜨거운 물로 한 번 우려낸다.

2 채반에 널어 바람이 잘 통하는 곳에서 꾸덕꾸덕해질 때까지
말린다.

3 고추장을 제외한 양념장 재료를 중불에서 3~4분 끓인 후
불을 끈다. 고추장을 넣고 잘 섞어 다시 1~2분 끓인다.

4 식힌 양념장을 녹차 잎에 버무리고 용기에 담는다.
양념장을 조금 남겨 위에 덮은 다음, 냉장 보관하며 숙성시킨다.

그냥 먹거나 깨소금, 참기름으로 양념해서 먹는다.

녹차를 마시고 찻잎을 모아서 장아찌로 활용하거나,
녹차를 우려내 찻물은 따로 보관했다가 마시고 찻잎은 장아찌를 만든다.

고추장
장아찌

춘곤증 없애고 입맛 돋우는

냉이 고추장 장아찌

거울 땅속에서도 죽지 않는 강한 생명력을 지닌 냉이는 국이나 나물로 요리해 먹으면
거울철 떨어진 입맛을 돋우고 미각을 자극한다. 잎에 비타민 A가 특히 많다.
단백질과 칼슘이 매우 풍부하며, 철분이 많은 알칼리성 식품으로 춘곤증을 없애고 입맛을 돋우는 봄나물이다.
한방에서는 소화제나 지사제로 사용할 만큼 위와 장에 좋고, 간의 해독 작용을 돕는 효과가 있다.

재료
냉이 1kg

데치기
물 2L
소금 2큰술

맛국물
멸치 20g
다시마 10×10cm 두 장
양파 100g(중 1/2개)
건고추 2개
건표고버섯 1개
물 4컵

양념장
맛국물 2컵
고추장 2컵
물엿 1.5컵
다진 마늘 1컵
생강즙 3큰술
고운 고춧가루 3큰술
국간장 2큰술
청주 1/2컵

1 냉이는 잔뿌리에 이물질이 많이 붙어 있으므로 잘 손질하고
깨끗이 씻는다. 끓는 소금물에 냉이를 3~4번 나누어 넣어
데친 다음 찬물에 헹구고 물기를 짠다.

냉이는 꽃이 피기 시작하면 질겨지므로 이른 봄에 장아찌로 담그는 것이 좋다.

2 채반에 널어 바람이 통하는 곳에 두거나 식품건조기
(온도 38~40℃)에 넣어 꾸덕꾸덕해질 때까지 말린다.

3 맛국물 재료를 중불에서 끓여 맛국물 2컵을 만든다.
맛국물에 고추장을 제외한 양념장 재료를 모두 넣고 중불에서
5~6분 끓인 후 불을 끈다.
고추장을 넣고 잘 섞어 다시 1~2분 끓인다.

4 식힌 양념장을 말린 냉이와 버무리고 용기에 담는다.
양념장을 조금 남겨 위에 덮은 다음, 냉장 보관하며 숙성시킨다.

그냥 먹거나 깨소금, 참기름으로 양념해서 먹는다.

폐렴과 천식에 도움을 주는

황새냉이 고추장 장아찌

냉이는 종류가 매우 다양하다. 그중 황새냉이는 잎이 갸름하고 길쭉한 것으로 굵은 뿌리만 식용한다.
민간에서는 폐렴이나 천식, 신장이 안 좋아 몸이 부었을 때, 소변을 보기 힘들 때 사용한다.
언젠가 가락시장에서 판매되는 것을 구입해 고추장 장아찌로 활용해보니 아삭한 식감과 특유의 향이 아주 좋았다.

재료
황새냉이 500g

데치기
물 2L
소금 2큰술
설탕 1큰술

양념장
고추장 2컵
청주 1/2컵
조청 1컵
물엿 1컵
생강즙 2큰술
다진 마늘 1/2컵
진간장 2큰술

1 황새냉이는 잘 손질하고 깨끗이 씻는다.
끓는 물에 소금과 설탕을 넣고 다시 끓으면 황새냉이를
3~4번 나누어 넣어 살짝 데친 다음 찬물에 헹구고 물기를 짠다.

2 채반에 널어 바람이 잘 통하는 곳에 두거나 식품건조기
(온도 38~40℃)에 넣어 꾸덕꾸덕해질 때까지 말린다.

3 고추장을 제외한 양념장 재료를 중불에서 4~5분 끓인 후
불을 끈다. 고추장을 넣고 잘 섞어 다시 1~2분 끓인다.

4 식힌 양념장을 말린 황새냉이와 버무리고 용기에 담는다.
양념장을 조금 남겨 위에 덮은 다음, 냉장 보관하며 숙성시킨다.

황새냉이는 주로 김치나 장아찌를 담그거나 초무침을 해서 먹는다.

눈개승마 고추장 장아찌

귀한 눈개승마는 산나물의 한 종류로
울릉도에서는 삼 잎을 닮았다 해서 삼나물 혹은 고기 맛이 나서 고기나물이라고도 한다.
생것은 두릅 맛, 줄기를 말려서 묵나물로 먹으면 고기 맛이 나고,
어린잎은 쌉싸름한 인삼 맛이 난다.
열을 내려주고 혈액 속 콜레스테롤을 떨어뜨리는 효능이 있어
고지혈증이나 동맥경화 예방에 도움이 된다.
눈개승마를 끓이면 고기 맛이 나므로 육개장에 넣으면 맛이 좋다.

강원도 원주시 원주천 둔치에서 새벽 4시부터 오전 9시까지 열리는 '원주 새벽시장'에서는 농업인들이
직접 생산한 농산물을 판매한다. 농산물 출하가 시작되는 4월 중순부터 12월 10일까지 열리는데
흔치 않은 산나물과 다양한 산야초를 만날 수 있어 즐겨 찾는다.
이곳 원주 새벽시장에서 아직 일반인들에게 잘 알려지지 않은 눈개승마를 접했다.

재료
눈개승마 1kg

데치기
물 2L
소금 2큰술

절임액
국간장 2큰술
물엿 1컵

양념장
청주 1/2컵
조청 1컵
마늘 3큰술
생강즙 3큰술
고운 고춧가루 2큰술
고추장 2컵

1 끓는 소금물에 눈개승마를 3~4번 나누어 넣어 살짝 데친 다음
찬물에 헹군다. 물엿과 국간장을 섞어 만든 절임액에
눈개승마를 버무려 3~4시간 절인다.

2 체에 밭쳐서 물기를 꼭 짜고, 채반에 널어 바람이 잘 통하는
곳에서 꾸덕꾸덕해질 때까지 말린다.
이때 절인 물은 버리지 않는다.

3 눈개승마 절인 물에 고추장을 제외한 양념장 재료를 모두 넣고
중불에서 7분 정도 끓인 후 불을 끈다.
고추장을 넣고 잘 섞어 다시 1~2분 끓인다.

4 식힌 양념장을 말린 눈개승마에 버무리고 용기에 담는다.
양념장을 조금 남겨 위에 덮은 다음, 냉장 보관하며 숙성시킨다.
그냥 먹거나 깨소금, 참기름으로 양념해서 먹는다.

고추장
장아찌

불면증에 도움 주는
다래 고추장 장아찌

토종 다래는 원래 우리나라 각처의 산에서 자주 볼 수 있던 야생 과일이었다.
'다래'라는 이름은 달다고 해서 붙여졌는데, 따서 며칠 묵히면 말랑해지면서 맛이 달다.
햇빛에 말려서 약으로 사용하기도 하는 다래는
입맛이 없고 소화가 안 될 때 먹으면 효과가 있고, 당뇨병과 황달 치료에 쓴다.
비타민 C와 탄닌이 풍부해서 피로를 풀어주고 불면증·괴혈병 치료에도 도움을 준다.
어린잎은 나물로 먹는다.

재료
다래 500g

절임액
국간장 2큰술
물엿 1/2컵

양념장
고추장 1컵
청주 1/2컵
조청 1/2컵
생강즙 1큰술

1 다래(익지 않은 것)는 깨끗이 씻어 체에 담고 끓는 물을 끼얹는다.
다래를 반으로 자르고 물엿과 국간장을 섞어 만든 절임액에
버무려 4~5시간 절인다.

2 체에 밭쳐 수분을 제거하고, 채반에 널어 바람이 잘 통하는
곳에서 꾸덕꾸덕해질 때까지 말린다.
이때 절인 물은 버리지 않는다.

3 다래 절인 물에 고추장을 제외한 양념장 재료를 모두 넣고
중불에서 4~5분 끓인 후 불을 끈다.
고추장을 넣고 잘 섞어 다시 1~2분 끓인다.

4 식힌 양념장을 말린 다래와 버무리고 용기에 담는다.
양념장을 조금 남겨 위에 덮은 다음, 냉장 보관하며 숙성시킨다.

어릴 적 산에서 흔히 볼 수 있었던 야생 다래가 점차 사라지면서 지금은 귀한 과일이 되었다.
매달 2일과 7일에 장이 서는 강화도 오일장에서 토종 과일인 으름과 함께 다래가 눈에 띄었다.
반가운 마음에 달콤한 다래를 사다가 꾸덕꾸덕하게 말려 고추장 장아찌를 담갔더니 그 맛이 별미다.

고추장
장아찌

변비를 예방하고 입맛을 회복시키는

다래 순 고추장 장아찌

다래나무에서 나는 연한 순을 '다래 순'이라 하며, 맛이 연하고 달면서 향긋해 4~5월에 어린순을 채취해 나물로 먹는다.
다래나무 순은 강원도 인제나 정선에서 채취되는 것이 맛이 좋아 끓는 물에 삶아서 묵나물로 만들어 두고 먹는다.
양념에 무치거나 볶거나 된장국을 끓여 먹어도 좋다.
다래 순은 비타민과 식이섬유소가 풍부해 변비 예방에 도움을 주고 입맛을 회복시킨다.

재료
다래 순 500g

절임액
국간장 2큰술
물엿 1/2컵

양념장
청주 1/2컵
조청 1/2컵
마늘 3큰술
생강즙 3큰술
고운 고춧가루 2큰술
고추장 1.5컵

1 물엿과 국간장을 섞어 만든 절임액에 다래 순을 버무려
3~4시간 절인다.

2 체에 밭쳐 물기를 꼭 짠 뒤, 채반에 널어 바람이 잘 통하는
곳에서 꾸덕꾸덕해질 때까지 말린다.

3 고추장을 제외한 양념장 재료를 중불에서 3분 정도 끓인 후
불을 끈다. 고추장을 넣고 잘 섞어 다시 3분 정도 끓인다.

4 식힌 양념장을 말린 다래 순에 버무리고 용기에 담는다.
양념장을 조금 남겨 위에 덮은 다음, 냉장 보관하며 숙성시킨다.

그냥 먹거나 깨소금, 참기름으로 양념해서 먹는다.

무기질 풍부한 바다의 채소

다시마 고추장 장아찌

'바다의 채소' 다시마는 칼슘, 요오드, 칼륨 등 무기질이 풍부하다.
또 혈압을 내리는 라미닌(laminin)이라는 물질이 들어 있어 고혈압과 동맥경화 예방에 효능이 있다.
다시마 속의 섬유질은 창자의 소화 운동을 촉진하는 중요한 작용을 해 변비에 도움을 준다.
다시마는 빛깔이 붉게 변한 것이나 잔주름이 간 것은 좋지 않으며, 흑색에 약간 녹갈색을 띤 것이 좋다.
빛깔이 검고 두꺼울수록 질이 좋은 것이다.

재료
염장 다시마 1kg

절임액
물엿 1컵
맛술 1컵
간장 2큰술

양념장
물엿 1.5컵
고추장 2컵
청주 1/2컵
생강즙 3큰술
식초 3큰술

1 염장 다시마는 바락바락 주물러 씻고
찬물을 바꾸어가며 1시간 정도 담가 짠맛을 제거한 다음
1cm 정도 너비, 5cm 길이로 채 썬다.
끓는 물에 다시마를 넣었다 꺼내는 정도로 데친 다음
찬물에 헹군 후, 절임액에 다시마를 버무려 2시간 정도 절인다.

2 체에 밭쳐 수분을 제거하고, 채반에 널어 그늘에서 살짝 말린다.
절인 물은 버린다.

3 고추장을 제외한 양념장 재료를 중불에서 3~4분 끓인 후
불을 끈다. 고추장을 넣고 잘 섞어 다시 1~2분 끓인다.

4 끓는 양념장을 말린 다시마에 부어 버무리고 용기에 담는다.
양념장을 조금 남겨 위에 덮은 다음, 냉장 보관하며 숙성시킨다.

그냥 먹거나 참기름, 깨소금 등으로 양념해서 먹는다. ✎

고추장
장아찌

여 자 에 게 좋 은

당귀 잎 고추장 장아찌

당귀의 연한 순은 나물로 먹고, 한방에서는 뿌리를 약으로 사용한다.
보혈, 빈혈 및 부인병 계통에 효과가 있으며 항균 효과도 있는 것으로 알려져 있다.
《동의보감》에서 당귀는 나쁜 피를 없애고 새로운 피를 생기게 한다고 했으며,
아랫배의 종양과 부인의 하혈(下血)을 멎게 하고,
몸 안의 장부를 보(補)하며 새살을 나게 해준다고 했다.
당귀를 먹고 물을 마시면 물이 꿀처럼 달게 느껴지므로, 식욕을 촉진하는 약으로 쓰이기도 한다.

재료
당귀 잎 1kg

데치기
물 2L
소금 2큰술

맛국물
멸치 10g
다시마 10×10cm 한 장
양파 50g(중 1/4개)
마늘 30g
건고추 2개
물 3컵

양념장
맛국물 1컵
고운 고춧가루 3큰술
고추장 2컵
다진 마늘 1/2컵
생강즙 3큰술
간장 3큰술
물엿 1.5컵
청주 1/2컵

1 샐러드용으로 나오는 부드러운 당귀 잎을 준비한다.
끓는 소금물에 당귀 잎을 3~4번 나누어 넣어 데친 다음
찬물에 헹구고 물기를 짠다.

2 채반에 널어 바람이 잘 통하는 곳에 두거나 식품건조기
(온도 38~40℃)에 넣어 꾸덕꾸덕해질 때까지 말린다.

3 맛국물 재료를 중불에서 끓여 맛국물 1컵을 만든다.
맛국물에 고추장을 제외한 양념장 재료를 모두 넣고 중불에서
5분 정도 끓인 후 불을 끈다.
고추장을 넣고 잘 섞어 다시 1~2분 정도 끓인다.

4 식힌 양념장을 말린 당귀 잎과 버무리고 용기에 담는다.
양념장을 조금 남겨 위에 덮어둔다. 양념장을 조금 남겨
위에 덮은 다음, 냉장 보관하며 숙성시킨다.

그냥 먹거나 깨소금, 참기름으로 양념해서 먹는다.

1-1 1-2

2 4

대 나 무 잎 처 럼 생 긴

대나물 고추장 장아찌

석죽과 대마물속에 속하는 대나물은 잎이 대나무의 잎과 비슷하다고 해서 붙여진 이름이다.
어린잎은 나물 등으로 먹는다. 대나물 뿌리는 해열, 거담 효능이 있다고 알려졌는데
유독성 사포톡신(Sapotoxin)이 함유되어 있으므로 조심스럽게 이용해야 한다.

재료
대나물 1kg

데치기
물 2L
소금 2큰술

맛국물
멸치 20g
다시마 10×10cm 두 장
양파 100g(중 1/2개)
건고추 2개
건표고버섯 1개
물 5컵

양념장
맛국물 2컵
물엿 1.5컵
고운 고춧가루 3큰술
국간장 2큰술
다진 마늘 1컵
생강즙 3큰술
고추장 2컵
청주 1/2컵
설탕 2큰술

1 대나물은 잘 손질해 깨끗이 씻는다. 끓는 소금물에 대나물을
   살짝 데친 다음 찬물에 헹구고 물기를 짠다.

2 채반에 널어 바람이 잘 통하는 곳에 두거나 식품건조기
   (온도 38~40℃)에 넣어 꾸덕꾸덕해질 때까지 말린다.

3 맛국물 재료를 중불에서 끓여 맛국물 2컵을 만든다.
   맛국물에 고추장을 제외한 양념장 재료를 모두 넣고
   중불에서 7~8분 끓인 후 불을 끈다.
   고추장을 넣고 잘 섞어 다시 1~2분 끓인다.

4 식힌 양념장을 말린 대나물과 버무리고 용기에 담는다.
   양념장을 조금 남겨 위에 덮은 다음, 냉장 보관하며 숙성시킨다.

1

4

천연 신경 안정제

대추 고추장 장아찌

대추는 수천 년 동안 한방에서 약으로 사용되었으며, 부작용이 없는 천연의 신경 안정제라고 한다.
또한 몸 안의 독을 없애고, 진액을 만들어 기운을 북돋고, 비위를 건강하게 하며, 소화를 돕는 것으로 알려져 있다.
예부터 노화를 방지하는 효과가 있는 신비로운 생약 또는 식품으로 취급해왔다.
비타민 C가 풍부한 생대추는 변비에 좋고 강장 효과가 있으며, 쇠약한 내장을 회복시키고 이뇨 효과가 있다.

재료
풋대추 500g

양념장
청주 1/2컵
물엿 1컵
생강즙 1큰술
고추장 1컵

1 풋대추는 크고 통통한 것으로 준비해 깨끗이 씻는다.
대추를 과도로 돌려 깎아 3등분한다.

2 채반에 널어 바람이 잘 통하는 곳에 두거나 식품건조기
(온도 38~40℃)에 넣어 꾸덕꾸덕해질 때까지 말린다.

3 고추장을 제외한 양념장 재료를 중불에서 3~4분 끓인 후
불을 끈다. 고추장을 넣고 잘 섞어 다시 1~2분 끓인다.

4 식힌 양념장을 말린 대추와 버무리고 용기에 담는다.
양념장을 조금 남겨 위에 덮은 다음, 냉장 보관하며 숙성시킨다.

쌉싸름한 맛과 향이 일품인

더덕 고추장 장아찌

특유의 맛과 향이 남다른 더덕은 사포닌 성분이 풍부하고
기침·천식을 완화하고 가래를 삭이는 효과가 있어 자주 밥상에 올리는 식재료다.
더덕은 폐를 윤택하게 하면서 열을 내리는 작용이 있고 만성 기침, 급만성 기관지염에
효과가 좋아서 열이 있거나 특이 체질에는 인삼 대신 사용되기도 한다.
위, 폐, 비장, 신장 등 내장 기관을 튼튼히 하고, 피로를 없애는 강장 효과뿐 아니라
여성의 월경불순 치료, 피부 미용에도 도움을 주며 모유 분비를 촉진하는 효과가 있다.
《본초비요》에서 '더덕은 폐기를 보하고 폐를 맑게 하여 간을 이롭게 한다'고 했고,
더덕의 뿌리와 줄기를 자르면 나오는 하얀 유액인 '양유'는
젖이 부족한 산모에게 좋은 것으로 알려져 있다.

 경동시장은 서울에서 가장 큰 재래시장으로 한약재와 산야초 등 특용 작물을 취급하는 전문 시장이다.
강원도 등에서 채취한 희귀 약초를 볼 수 있는 경동시장에 장아찌 재료를 사러 자주 간다.
갈 때마다 쌉싸름한 향과 맛이 매력적인 더덕을 넉넉하게 사다가 장아찌를 담근다.

재료
더덕 1kg

1차 절임액
물 3컵
소금 2큰술
설탕 2큰술

2차 절임액
고운 고춧가루 3큰술

양념장
고추장 2컵
조청 1컵
설탕 2큰술
다진 마늘 1/2컵
생강즙 3큰술
청주 1/2컵

1 더덕은 껍질을 벗기고 굵은 것은 가운데에 칼집을 넣어
1차 절임액에 30분 정도 둔 후 주물러 씻어 물기를 제거한다.

2 밀대로 밀거나 살짝 두들겨서 얇게 편 후 꾸덕꾸덕하게 말린다.

3 더덕에 고운 고춧가루 3큰술을 골고루 뿌려준다.

4 고추장을 제외한 양념장 재료를 모두 넣고
중불에서 6~7분 끓인 후 불을 끈다.
고추장을 넣고 잘 섞어 다시 1~2분 더 끓인다.

5 식힌 양념장을 말린 더덕과 버무리고 용기에 담는다.
냉장 보관하며 숙성시킨다.

그냥 먹거나 참기름, 깨소금으로 양념하여 무쳐 먹는다.

더덕 장아찌는 한 달 정도 숙성시킨 후 찢어서 들기름에 구워 먹기도 하고,
비빔밥과 비빔국수 등을 만들 때 넣기도 하고,
작게 잘라 콩나물밥이나 나물밥의 양념으로 이용하면 좋다.
고춧가루를 넣으면 더덕의 색이 곱다.

가래와 염증을 가라앉히는

도라지 고추장 장아찌

도라지에는 당질·칼슘·철분이 많으며, 섬유질이 풍부하여 씹는 맛이 특별하다.
비교적 굵은 뿌리에는 단백질, 섬유질, 당류, 회분, 철분 등의 영양 성분이 많고, 특히 사포닌이 많다.
도라지의 유효 성분은 겉껍질에 많이 함유되어 있으므로 약으로 쓸 때는 겉껍질을 벗기지 않는 것이 좋다.
한방에서는 치열(治熱), 폐열, 편도염, 설사에 사용한다. 《동의보감》에서는 성질이 약간 차고 맛은 맵고 쓰며
약간 독이 있다고 하고, 허파, 목, 코, 가슴의 병을 다스리고 벌레의 독을 내린다고 쓰여 있다.
기침약으로 효능이 좋으며, 사포닌 성분이 가래를 없애고 염증을 삭이는 작용을 한다.

재료
도라지 1kg

1차 절임액
물 1L
소금 2큰술

2차 절임
물엿 1컵

양념장
물엿 1컵
청주 1/2컵
마늘 3큰술
생강즙 3큰술
간장 2큰술
고운 고춧가루 3큰술
고추장 1.5컵

1 도라지는 껍질을 벗기고 1차 절임액에 버무려 1시간 절인다.
도라지를 밀대로 밀어 부드럽게 한 후 그릇에 담고
물엿 1컵을 부어 버무린 후 하루 정도 둔다.

2 체에 밭쳐 수분을 제거한 후, 채반에 널어
바람이 잘 통하는 곳에서 꾸덕꾸덕해질 때까지 말린다.
이때 도라지에서 나온 물은 버리지 않는다.

3 도라지에서 나온 물에 고추장을 제외한 양념장 재료를 모두 넣고
중불에서 4~5분 끓인 후 불을 끈다.
고추장을 넣고 잘 섞어 다시 살짝 끓인다.

4 식힌 양념장을 말린 도라지와 버무리고 용기에 담는다.
양념장을 조금 남겨 위에 덮은 다음, 냉장 보관하며 숙성시킨다.

그냥 먹거나 참기름과 깨소금으로 양념해서 먹는다. ✏️

무기질과 폴리페놀 함량 높은

도라지 잎 고추장 장아찌

맛과 향이 좋아 차로도 활용하는 도라지 잎은 봄에 재래시장 등에서 나물류로 판매한다.
항균 성분인 사포닌이 도라지 뿌리뿐 아니라 잎에도 함유되어 있고 비타민 K와 무기질, 폴리페놀 함량도 높다.
특히 6, 7월의 도라지는 고유의 영양 성분과 약성이 잎과 순에 모여 있다.

재료
도라지 잎 1kg

데치기
물 2L
소금 2큰술

맛국물
멸치 10g
다시마 10×10cm 한 장
양파 50g(중 1/4개)
건고추 1개
건표고버섯 1개
마늘 10g
물 3컵

양념장
맛국물 1컵
물엿 2컵
다진 마늘 3큰술
생강즙 3큰술
설탕 2큰술
고추장 2컵
청주 1/2컵

1 도라지 잎은 잘 손질해 깨끗이 씻는다. 끓는 소금물에 도라지 잎을
   3~4회 나누어 넣어 데친 다음 찬물에 헹구고 물기를 짠다.

2 채반에 널어 바람이 잘 통하는 곳에서 꾸덕꾸덕해질 때까지
   말린다.

3 맛국물 재료를 중불에서 끓여 맛국물 1컵을 만든다.
   맛국물에 고추장을 제외한 양념장 재료를 모두 넣고
   중불에서 5~6분 끓인 후 불을 끈다.
   고추장을 넣고 잘 섞어 다시 1~2분 끓인다.

4 식힌 양념장을 말린 도라지 잎과 버무리고 용기에 담는다.
   양념장을 조금 남겨 위에 덮은 다음, 냉장 보관하며 숙성시킨다.

   도라지 잎 고추장 장아찌를 오래 보관할 경우에는
   양념장을 조금 남겨 위에 덮어준다. ✏

   그냥 먹거나 기호에 따라 깨소금, 참기름을 넣어 양념해서 먹는다. ✏

고추장
장아찌

마늘종 고추장 장아찌

마늘종은 마늘 특유의 매운맛을 지니고 있지만
마늘보다 냄새와 맛이 순해서 나물, 조림 등의 요리에 널리 사용된다.
마늘종은 식이섬유를 풍부하게 함유하고 있어
콜레스테롤 축적을 방지하는 등 동맥경화 예방에 좋다.
한방에서는 위장과 심장의 혈액 순환을 도와
몸이 찬 여성이나 '수족냉증'이 있는 사람이 먹으면 좋다고 한다.
또 항산화 작용이 뛰어나 노화를 방지하고 면역력을 향상시켜 병에 걸리는 것을 막아준다.
마늘종은 마늘과 성분이 비슷한데, 풍부한 알리신(allicin) 성분이 강력한 항암 효과를 낸다.
이뿐만 아니라 위궤양을 유발하는 헬리코박터 파일로리 균을 죽이는 효과도 있어
고기나 생선을 먹을 때 함께 먹으면 좋다. 비타민 A와 C도 다량 함유되어 있다.

재료
마늘종 1kg

절임액
물 12컵
식초 4컵

양념장
고추장 2컵
고운 고춧가루 3큰술
청주 1/2컵
조청 1컵
설탕 3큰술

1 마늘종은 위아래의 억세고 불필요한 부분을 제거하고
깨끗이 씻는다.

2 절임액을 끓여서 그대로 마늘종에 부어 떠오르지 않도록
4~5일 둔다.

3 마늘종을 건져 찬물에 헹군 다음 물기를 제거한다.
채반에 넣어 바람이 잘 통하는 곳에 두거나 식품건조기
(온도 38~40℃)에 넣어 꾸덕꾸덕해질 때까지 말린다.

4 고추장을 제외한 양념장 재료를 모두 넣고 3~4분 끓인 후
불을 끈다. 고추장을 넣고 잘 섞어 다시 1~2분 끓인다.

5 식힌 양념장을 말린 마늘종과 버무리고 용기에 담는다.
양념장을 조금 남겨 위에 덮은 다음, 냉장 보관하며 숙성시킨다.

마늘종 장아찌는 1년 내내 아삭하게 먹을 수 있다. ✎

고추장
장아찌

피로를 해소하고 식욕을 증진하는
매실 고추장 장아찌

중국 고서인 《신농본초경》에는 '매실은 마음을 편하게 하고
팔다리와 몸의 통증을 멈추게 하며 근육과 맥박의 활기를 찾게 한다'고 기록되어 있다.
이런 이유로 매실은 이미 약으로 널리 이용해왔다.
매실은 피로 해소, 혈액 정화, 식욕 증진, 위장 장애 개선에 도움이 된다.
또 해독 작용을 하며 강한 살균력을 갖고 있어 식중독에도 효과가 있다.
매실은 과육이 80%를 차지하는데 그중 수분이 85%이고 10%가 당분이다.
사과산, 구연산, 호박산, 주석산 등 유기산이 5%가량이나 들어 있어 신맛이 강해
입맛을 돋우는 효과를 기대할 수 있다.

재료
매실 2.5kg

1차 절임액
물 2L
소금 4큰술

2차 절임
매실 과육 1.8kg
설탕 1.8kg

시럽
설탕 3컵
물 3컵
물엿 1/2컵

양념장
매실청 3컵
소금 1작은술

매실 장아찌 만들기

1 신선하고 굵은 매실을 준비하여 1차 절임액에 매실을 담가
반나절 정도 둔다. 매실을 건져 찬물에 헹궈 물기를 제거한 후
6등분으로 칼집을 내어 가른다.

==소금물에 매실을 담가두었다가 과육만 잘 분리하면 아삭한 맛이 있다.==

2 매실과 설탕을 1 : 1로 버무린 후 용기에 담아 3주 동안
냉장 보관한 후 체에 걸러 매실과 매실청을 분리한다.

3 시럽 재료를 넣고 원래 양의 2/3가 되도록 끓여 시럽을 만든다.

4 시럽에 양념장 재료를 모두 넣어 끓인다.

5 뜨거운 양념장을 매실에 붓는다.

==매실 과육에 뜨거운 양념장을 부으면 아삭한 맛을 낼 수 있다.
양념장에 매실청을 넣어 맛을 보충해주면 좋다.==

6 식으면 용기에 넣어 냉장 보관하며 숙성시킨다.

==매실만 건져서 먹거나 고추장과 통깨, 참기름을 넣어 양념해 먹는다.==

매실 고추장 장아찌 만들기

7 ⑤의 매실 과육을 꾸덕꾸덕해질 때까지 말린다.

8 매실액 1컵, 고추장 2컵, 마늘 3큰술, 생강즙 3큰술,
청주 1/2컵을 넣고 양념장을 끓여 식힌다.

9 식힌 양념장을 말린 매실에 버무려 용기에 담고,
냉장 보관하며 숙성시킨다.

①~⑥번까지의 과정은
고추장을 넣지 않은
매실 장아찌이다.
가볍고 상큼한 맛을 원하면
이대로만 먹어도 좋다.
맵고 칼칼한 맛을 원하면
⑦~⑨번 까지의 과정을 거친
고추장 장아찌로
만들어 먹으면 된다.

고추장
장아찌

매실 차조기 절임 장아찌

매실을 소금에 절여서 차조기 잎을 넣어 만든 매실 장아찌를 매간(梅干)이라 하며,
일본에서는 '우메보시'라 하여 식품으로 애용한다.
차조기 잎은 들깻잎을 닮았으며 들깨보다 향이 강하다.
식물 전체가 자색이 나므로 자소(紫蘇)라고 한다.
생선이나 육류를 먹을 때 차조기를 함께 먹으면 배탈을 예방한다.

재료
매실 1kg
차조기 잎(자소엽) 50g
소금 3큰술

절임 양념
굵은소금 70g
설탕 50g

1 신선하고 굵은 매실을 잘 씻어 준비한다.
매실에 절임 양념을 넣고 버무려 3일간 둔다.

2 체에 밭친 다음 채반에 널어 4~5일 뒤집어가면서 말린다.
이때 절인 물은 냉장 보관한다.

3 차조기 잎은 소금 1큰술을 넣고 주물러 검붉은 물을 버리고
헹군다. 다시 차조기 잎을 주무르고 말린 매실과 섞은 후,
냉장고에 보관했던 매실 절인 물을 붓고 위에 소금 2큰술을
골고루 뿌린다.

4 6개월 정도 냉장 보관하며 숙성시킨다.

고추장
장아찌

해독에 도움이 되는

모싯대 고추장 장아찌

모싯대의 어린순은 끓는 물에 살짝 데쳐서 나물로 먹고,
된장이나 고추장 속에 넣어 장아찌로 담가 먹기도 한다.
뿌리는 약으로 이용하는데 비타민과 무기질이 풍부하고 해독과 거담 효과가 있다.

재료
모싯대 어린잎 500g

데치기
물 2L
소금 2큰술

맛국물
멸치 10g
다시마 10×10cm 한 장
마늘 10g
생강 5g
건고추 1개
건표고버섯 1장
물 3컵

양념장
맛국물 1컵
다진 마늘 2큰술
생강즙 2큰술
물엿 1컵
설탕 1큰술
청주 1/2컵
고추장 1컵

1 모싯대는 큰 줄기를 버리고 어린잎만 깨끗이 씻는다.
끓는 소금물에 모싯대 잎을 2~3번 나누어 넣어 데친 다음
찬물에 헹구고 물기를 짠다.

2 채반에 널어 그늘에서 꾸덕꾸덕해질 때까지 말린다.

3 맛국물 재료를 중불에서 끓여 맛국물 1컵을 만든다.
맛국물에 고추장을 제외한 양념장 재료를 모두 넣고
중불에서 5분 정도 끓인 후 불을 끈다.
고추장을 넣고 잘 섞어 다시 1~2분 끓인다.

4 양념장을 말린 모싯대 잎과 버무리고 용기에 담는다.
양념장을 조금 남겨 위에 덮은 다음, 냉장 보관하며 숙성시킨다.

꼬들꼬들 씹는 맛이 일품인

무채 고추장 장아찌

무에는 여러 가지 소화 효소가 들어 있어 떡이나 밥을 과식했을 때 소화에 도움을 준다.
무의 수분과 비타민 C는 기침을 멎게 하는 데 도움을 준다고 알려져 있다.

재료
무 1kg

절임액
간장 1컵
물엿 1컵

양념장
다진 마늘 1/2컵
생강즙 3큰술
고운 고춧가루 2큰술
물엿 1컵
청주 1/2컵
생강즙 3큰술
고추장 2컵

1 무는 깨끗이 씻고 나무젓가락 굵기, 5cm 길이로 채 썬다.
절임액에 무를 버무려 하루 정도 절인다.

2 체에 밭쳐 물기를 제거하고 채반에 널어 꾸덕꾸덕해질 때까지
말린다.

3 고추장을 제외한 양념장 재료를 중불에서 5~6분 끓인 후
불을 끈다. 고추장을 넣고 잘 섞어 다시 1~2분 더 끓인다.

4 식힌 양념장을 말린 무와 버무리고 용기에 담는다.
양념장을 조금 남겨 위에 덮은 다음, 냉장 보관하며 숙성시킨다.

먹을 때는 4cm 정도로 자른 부추, 참기름, 깨소금을 넣어 양념하면 좋다.

고추장
장아찌

미역 고추장 장아찌

산후 회복을 돕는 대표 식품인 미역은 주로 국을 끓여서 먹고, 무침이나 자반을 만들어 먹기도 한다.
미역은 칼슘 함량이 높아 뼈와 치아를 튼튼하게 하며, 산후 자궁 수축과 지혈에 좋은 역할을 한다.
요오드도 많이 들어 있는데 이것은 갑상선 호르몬을 만드는 데 필요한 성분이다.
또 미역의 끈끈한 성분인 알긴산(alginic acid)은 배변 작용을 원활하게 하는 질 좋은 식이성 섬유다.
장의 점막을 자극해서 소화 운동을 높여주며 콜레스테롤의 체내 흡수를 막는다.
또 농약이나 중금속을 흡착해 배설시켜 성인병과 비만 예방에 도움을 준다.

재료
마른 미역 100g

절임액
물 3컵
물엿 3컵

양념장
맛술 1/2컵
조청 1컵
다진 마늘 3큰술
간장 3큰술
생강즙 3큰술
식초 3큰술
고추장 1.5컵

1 마른 미역을 잘게 잘라 준비한다. 절임액에 미역을 담가
   냉장고에 30분 정도 뒀다가 건져내어 물기를 짠다.

    미역은 작게 잘라서 판매하는 것을 사용하면 좋다.

2 고추장을 제외한 양념장 재료를 모두 넣어 3분 정도 끓인 뒤
   불을 끈다. 고추장을 넣고 잘 섞어 다시 1~2분 끓인다.

3 뜨거운 양념장을 미역에 부어 버무리고 용기에 담는다.
   양념장을 조금 남겨 위에 덮은 다음, 냉장 보관하며 숙성시킨다.

    그냥 먹거나 참기름, 깨소금 등으로 양념해서 먹는다.

미역을 된장에 박아두거나 간장을 부어 간이 배면 무쳐 먹는 방법도 있다.

노폐물 배출을 돕는

미역귀 고추장 장아찌

미역귀의 점액질에는 푸코이단과 알긴산 성분이 들어 있어
혈액 중의 콜레스테롤 수치를 낮추며 노폐물의 배출을 도와 혈액 순환에 도움이 된다.
해안 지방에서는 미역귀를 된장이나 고추장에 버무려 장아찌로 활용한다.

재료
말린 미역귀 300g

양념장
조청 2컵
고추장 2컵
청주 1컵
다진 마늘 3큰술
생강즙 3큰술
설탕 3큰술

1 말린 미역귀는 한 장씩 떼어 마른행주로 닦은 다음
김이 오른 찜기에 10분 정도 찐다.

미역귀는 장아찌용으로는 두껍고 단단한 것이 좋다. 🖊

2 고추장을 제외한 양념장 재료를 모두 넣고
중불에서 5분 정도 끓인 후 불을 끈다.
고추장을 넣고 잘 섞어 다시 1분 정도 끓인다.

3 식힌 양념장을 식힌 미역귀와 버무리고 용기에 담는다.
양념장을 조금 남겨 위에 덮은 다음, 냉장 보관하며 숙성시킨다.

먹을 때는 설탕, 참기름, 깨소금으로 양념하여 먹는다. 🖊

고추장
장아찌

비타민 A가 풍부한

민들레 잎 고추장 장아찌

독특한 쓴맛이 나는 민들레는 소화 기능을 강화해 소화불량, 위염 등의 증상을 개선하고 담즙을 분비하며
간 기능을 개선하는 민간약으로 잘 알려져 있다. 최근에는 기억력 개선 효과도 있다고 알려졌다.
《동의보감》에는 민들레 잎이나 줄기를 끊을 때 나오는 하얀 즙액이 종기 등과 같은 피부 질환에 도움이 된다고 나온다.
풍부한 비타민 A가 피부와 점막을 보호하고 항산화 작용을 하며
염증 치료에 뛰어난 효과가 있어서 염증성 피부 질환인 아토피나 여드름 개선에 도움이 된다.

재료
민들레 잎 500g

데치기
물 2L
소금 3큰술

양념장
고추장 1.5컵
물엿 1컵
다진 마늘 3큰술
생강즙 2큰술
설탕 3큰술
청주 1/2컵

1 끓는 소금물에 민들레 잎을 3~4번 나누어 넣어 데친 다음
찬물에 헹군다. 찬물을 바꾸어가면서 1~2시간 정도 담가
쓴맛을 우려낸다.

2 물기를 꼭 짜고 채반에 넣어 바람이 잘 통하는 곳에서
꾸덕꾸덕해질 때까지 말린다.

3 고추장을 제외한 양념장 재료를 모두 넣고
중불에서 4~5분 끓인 후 불을 끈다.
고추장을 넣고 잘 섞어 다시 1~2분 끓인다.

4 식힌 양념장을 말린 민들레에 버무리고 용기에 담는다.
양념장을 조금 남겨 위에 덮은 다음, 냉장 보관하며 숙성시킨다.

그냥 먹거나 깨소금, 참기름으로 양념해서 먹는다.

방아 잎 고추장 장아찌

방아 잎(배초향)은 독특한 향기가 나서 예부터 어린순을 데쳐 나물로 만들어 먹었다.
전을 부쳐 먹거나 기름에 튀겨 술안주로도 이용했으며, 생선 비린내를 억제하는 데 사용하기도 한다.

재료
방아 잎 500g

절임액
간장 1/2컵

맛국물
다시마 10×10cm 한 장
양파 100g(중 1/2개)
생강 1쪽
건표고버섯 1개
물 3컵

양념장
맛국물 1컵
물엿 1.5컵
다진 마늘 2큰술
생강즙 2큰술
청주 1/2컵
설탕 2큰술
고추장 1.5컵

1   어린 방아 잎을 준비한 다음 깨끗이 씻어 물기를 제거한다.
    방아 잎에 간장 1/2컵을 부어 3시간 정도 절인 후 꼭 짠 뒤,
    끓는 물에 방아 잎을 데친 다음 찬물에 헹구고
    다시 물기를 꼭 짠다.

2   채반에 널어 그늘에서 잠시 두거나 식품건조기
    (온도 38~40℃)에 넣어 꾸덕꾸덕해질 때까지 말린다.

3   맛국물 재료를 중불에서 끓여 맛국물 1컵을 만든다.
    맛국물에 고추장을 제외한 양념장 재료를 모두 넣고
    5~6분 끓인 후 불을 끈다. 고추장을 넣고 잘 섞어
    다시 1~2분 끓인다.

4   식힌 양념장을 말린 방아 잎과 버무리고 용기에 담는다.
    양념장을 조금 남겨 위에 덮은 다음, 냉장 보관하며 숙성시킨다.

고추장
장아찌

배 고추장 장아찌

배는 맛이 시원하고 달콤하며 은은한 향이 있는 기호 식품으로 잘 알려져 있다.
배는 효소가 많은 편이어서 소화를 돕는 작용이 있으며, 유기산을 함유하고 있어 체내에 쌓인 피로 물질을 제거하고,
간장 활동을 촉진해 혈중 알코올을 빨리 해독함으로써 숙취를 없애는 데 도움이 된다.
또한 기관지 질환에 효과가 있어 감기·천식 등에도 좋다.
배가 변비에 좋고 이뇨 작용이 있다고 알려져 왔는데 변비에 좋은 것은 석세포 때문이다.
담이 나오는 기침에는 배즙을 내서 생강즙과 꿀을 타 먹으면 효과가 있다.

재료
배 2kg

절임액
물엿 1컵
간장 3큰술

양념장
고추장 1.5컵
조청 1/2컵
생강즙 2큰술

1 배는 깨끗이 씻고 껍질째로 4등분해 심과 씨를 제거한 후
1cm 두께로 썬다. 물엿과 간장을 섞어 만든 절임액에
배를 버무려 하루 정도 절인다.

2 체에 밭쳐 수분을 제거한 후, 채반에 널어 그늘에
꾸덕꾸덕해질 때까지 말린다. 이때 절인 물은 버리지 않는다.

3 배 절인 물에 고추장을 제외한 양념장 재료를 모두 넣고
5~6분 끓인 후 불을 끈다.
고추장을 넣고 잘 섞어 다시 1~2분 끓인다.

4 식힌 양념장을 말린 배와 버무리고 용기에 담는다.
양념장을 조금 남겨 위에 덮은 다음, 냉장 보관하며 숙성시킨다.

면역력 키워주고 식욕 돋우는

복숭아 고추장 장아찌

'미인이 되고 싶거나, 불로장수를 하려면 복숭아를 많이 먹으라' 라는 속담이 있듯이 복숭아는 인기가 많다.
복숭아는 수분과 당분이 많으며 알칼리성 식품으로 면역력을 키워주고 식욕을 돋운다.
발육 불량과 야맹증에 좋으며 혈액 순환을 촉진해 장에 쌓인 노폐물을 없애주는 효능이 있어 변비를 없애고 어혈을 풀어준다.
해독 작용이 있어서 각종 염증을 치료하므로 신경통과 관절염 등에 좋다고 알려져 있다.
장어와 같이 먹으면 설사를 하므로 주의한다.

재료
복숭아 1kg

양념장
고추장 1.5컵
청주 3큰술
물엿 1컵
생강즙 3큰술

1 복숭아는 단단한 것으로 준비해 깨끗이 씻은 다음
과육만 1.2cm 두께로 자른다.

2 채반에 널어 바람이 잘 통하는 곳에 두거나 식품건조기
(온도 38~40℃)에 넣어 꾸덕꾸덕해질 때까지 말린다.

3 고추장을 제외한 양념장 재료를 모두 넣고 3~4분 끓인 후
불을 끈다. 고추장을 넣고 잘 섞어 다시 1분 정도 양념장을 끓인다.

4 식힌 양념장을 말린 복숭아와 버무리고 용기에 담아
냉장 보관하며 숙성시킨다.

양념장을 조금 남겨 위에 덮어주면 보관이 더 용이하다. ✎

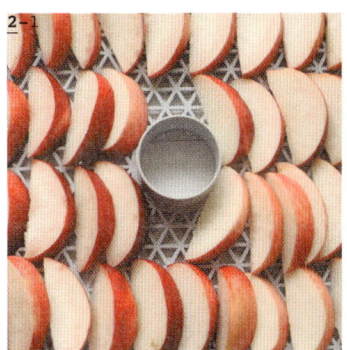

2-1

2-2

4

고추장
장아찌

아스파르트산과 펙틴 성분이 풍부한

천도복숭아 고추장 장아찌

천도복숭아는 간의 피로를 풀어주는 아스파르트산 성분이
복숭아 중에서도 가장 많이 함유되어 있으며,
간 기능을 높여 피로 해소에 도움을 준다.
말리면 아스파르트산이 응축되므로 말려서 섭취하면 더 좋다.
또한 천도복숭아에 풍부하게 들어 있는 펙틴 성분은 독소를 흡착해
몸 밖으로 배출하는 데 도움을 준다.

재료
천도복숭아 1kg

양념장
고추장 1컵
청주 3큰술
물엿 1컵
생강즙 1큰술

1 천도복숭아는 깨끗이 씻은 다음 과육만 1.2cm 두께로 자른다.

2 채반에 널어 바람이 잘 통하는 곳에 두거나 식품건조기
(온도 38~40℃)에 넣어 꾸덕꾸덕해질 때까지 말린다.
천도복숭아 1kg을 말리면 300g 정도 된다.

3 고추장을 제외한 양념장 재료를 모두 넣고 3~4분 끓인 후
불을 끈다. 고추장을 넣고 잘 섞어 다시 1분 정도 끓인다.

4 식힌 양념장을 말린 천도복숭아와 버무리고 용기에 담아
냉장 보관하며 숙성시킨다.

천도복숭아 장아찌를 도시락에 넣어주면 달콤새콤한 맛이 입안을 개운하게 한다.
다지거나 갈아서 콩나물밥, 비빔밥의 양념장으로도 사용하면 좋다.

고추장
장아찌

노화를 막고 뇌졸중을 예방하는
뽕잎 고추장 장아찌

뽕나무는 약재로 가치가 높지만 식품으로도 쓰임새가 다양하다.
잎은 장아찌나 차로 이용하고, 열매는 술을 담그거나 생으로도 먹는다.
뽕나무 잎을 상엽, 열매를 상심자(오디), 가지를 상지, 뿌리의 껍질을 상백피라 하여
꽃, 잎, 줄기 껍질, 뿌리 껍질, 열매를 모두 쓸 수 있다. 뽕잎에 들어 있는 폴리페놀이 노화를 억제하고,
루틴은 모세혈관을 튼튼하게 해 뇌졸중을 예방한다. 또한 혈당 저하 성분이 있어 당뇨병에 좋다.

재료
뽕잎 500g

데치기
물 2L
굵은소금 2큰술

맛국물
마늘 30g
생강 10g
건고추 2개
건표고버섯 2개
물 3컵

양념장
맛국물 1컵
고추장 1.5컵
청주 1/2컵
물엿 1컵
다진 마늘 3큰술
생강즙 2큰술
설탕 2큰술

1 뽕잎 새순을 준비해 깨끗이 씻는다.
끓는 소금물에 뽕잎을 2~3번 나누어 넣어 데친 다음
찬물에 헹구고 물기를 짠다.

2 채반에 널어 그늘에서 꾸덕꾸덕해질 때까지 말린다.

3 맛국물 재료를 중불에서 끓여 맛국물 1컵을 만든다.
맛국물에 고추장을 제외한 양념장 재료를 모두 넣고
중불에서 5분 정도 끓인 후 불을 끈다.
고추장을 넣고 잘 섞어 다시 1~2분 끓인다.

4 식힌 양념장을 말린 뽕잎과 버무리고 용기에 담는다.
양념장을 조금 남겨 위에 덮은 다음, 냉장 보관하며 숙성시킨다.

사과 고추장 장아찌

사과의 주성분은 탄수화물이고 식이섬유, 비타민 C, 칼슘 등의 성분을 함유해 건강에 좋다.
탄닌과 껍질에 함유된 펙틴이 위장 운동을 도와주고, 소화를 촉진하기 때문에 장 질환이나 변비가 있는 사람이 먹으면 좋다.
또 사과의 신맛을 내는 유기산 성분은 활성산소를 제거하는 데 도움을 주고, 피로 물질 축적을 억제한다.
사과는 칼륨이 많아 체내에 과잉 축적된 나트륨의 배출을 돕고, 혈압의 균형을 이루는 데 도움을 주어 고혈압 예방에 좋다.
각종 성인병의 예방에 효과가 뛰어나며, 변비 예방 및 피부 미용에도 도움이 된다.

재료
사과 1kg

절임액
물 5컵
소금 2큰술
설탕 3큰술

양념장
고추장 1.5컵
청주 또는 매실주 3큰술
물엿 1컵
생강즙 1큰술

1 사과는 깨끗이 씻은 뒤 껍질째로 4등분해 씨를 제거한 후
1.2cm 두께로 썬다. 절임액에 사과를 1시간 정도 담가 절인다.

2 채반에 널어 바람이 잘 통하는 곳에 두거나 식품건조기
(온도 38~40℃)에 넣어 꾸덕꾸덕해질 때까지 말린다.

3 양념장 재료를 모두 넣고 2~3분간 끓인다.

4 식힌 양념장을 말린 사과와 버무리고 용기에 담는다.
양념장을 조금 남겨 위에 덮은 다음, 냉장 보관하며 숙성시킨다.

돼지고기와 맛이 잘 어울리므로 돼지고기 볶음이나 편육 먹을 때
같이 내면 좋다.

유기산이 많아 신진대사를 돕는

살구 고추장 장아찌

살구는 항암 작용과 면역력 강화에 좋은 항산화 물질이 풍부하며, 비타민 A가 풍부해 야맹증을 예방한다.
칼륨이 풍부해 나트륨을 몸 밖으로 배출하는 작용을 하므로
혈압과 콜레스테롤 수치를 낮춰주어 심혈관 질환 예방에도 도움이 된다.
살구에는 유기산인 구연산과 사과산이 비교적 많이 들어 있는데,
이는 신진대사를 도와주는 효과가 있어 체력이 떨어질 때 먹으면 이롭다.

재료
살구 1kg

양념장
고추장 1컵
청주 3큰술
물엿 1컵
생강즙 1큰술

1 살구는 단단한 것을 준비해 깨끗이 씻은 뒤 과육만
1.5cm 두께로 썬다.

2 채반에 넣어 바람이 잘 통하는 곳에 두거나 식품건조기
(온도 38~40℃)에 넣어 꾸덕꾸덕해질 때까지 말린다.

3 양념장 재료를 모두 넣어 5분 정도 끓인다.

4 식힌 양념장을 말린 살구와 버무리고 용기에 담는다.
양념장을 조금 남겨 위에 덮은 다음, 냉장 보관하며 숙성시킨다.

새송이버섯 고추장 장아찌

서양에서는 새송이버섯을 채소고기라고 부를 만큼 영양이 풍부하고 건강에 좋다.
새송이버섯은 비타민 C의 함량이 버섯 중에서 가장 높으며,
풍부한 식이섬유는 장 운동을 촉진해 변비를 예방하고 소화 활동을 도와준다.
수분 함량이 높아 우리 몸의 수분을 보충하고, 칼슘 성분과 무기질 성분이 풍부하다.
새송이버섯은 산성 성분을 중화해 위액 과다 분비로 인한 속쓰림을 줄여준다.

재료
새송이 1kg
데치기
물 2L
소금 2큰술

양념장
고추장 1컵
청주 1/2컵
조청 1컵
생강즙 3큰술
고운 고춧가루 2큰술

1 새송이는 5cm 정도의 작은 것으로 준비한다.
끓는 소금물에 새송이버섯을 3~4번 나누어 넣어 데친 다음
찬물에 헹구고 물기를 짠다.

미니 새송이버섯을 준비한다.

2 채반에 널어 바람이 잘 통하는 곳에 두거나 식품건조기
(온도 38~40℃)에 넣어 꾸덕꾸덕해질 때까지 말린다.

3 양념장 재료를 모두 넣어 3~4분 끓인다.

4 식힌 양념장을 말린 새송이버섯과 버무리고 용기에 담는다.
양념장을 조금 남겨 위에 덮은 다음, 냉장 보관하며 숙성시킨다.

바로 먹을 수 있지만 3개월 이상 숙성시키면 더 맛있다.

삼잎국화나물 고추장 장아찌

삼잎국화나물은 예전에는 시골에서 자주 볼 수 있는
아주 흔한 나물이었지만 점차 사라지는 추세다.
가을이 되면 갓난아기 주먹 정도의 노란 국화꽃이 피는데
어른 키 정도 커서 꽃나물 또는 키다리나물이라고도 한다.
삼잎국화나물은 칼슘과 칼륨, 철분이 많고 거담·이뇨 작용이 있다.
임산부와 여성에게 특히 좋은 나물로 부인병에 좋은 효과가 있다.
신진대사를 원활하게 해서 감기 예방과 치료에 효과적이고 면역력을 강화하는 효능이 있다.

매년 4월 말쯤 경기도 용문산 관광단지에서 양평 산나물 축제가 개최된다.
이 축제에 가면 제철 곰취, 참취, 곤드레, 산다덕 외에도 다양한 나물들을 만날 수 있어 보물을 본 것처럼 뿌듯하다.
몇 년 전 이곳 산나물 축제서 반가운 삼잎국화나물을 만났다.

재료
삼잎국화나물 1kg

데치기
물 2L
굵은소금 2큰술

맛국물
멸치 10g
다시마 10×10cm 한 장
양파 100g(중 1/2개)
마늘 20g
건표고버섯 2개
건고추 2개
물 3컵

양념장
맛국물 1컵
간장 2큰술
고운 고춧가루 2큰술
조청 1.5컵
다진 마늘 1컵
생강즙 3큰술
청주 1/2컵
고추장 2컵

1 삼잎국화나물을 깨끗이 손질한다.
끓는 소금물에 삼잎국화나물을 2~3번 나누어 넣어 데친 다음
찬물에 헹구고 물기를 짠다.

2 채반에 널어 바람이 잘 통하는 곳에 두거나 식품건조기
(온도 38~40℃)에 넣어 꾸덕꾸덕해질 때까지 말린다.

3 맛국물 재료를 중불에서 끓여 맛국물 1컵을 만든다.
맛국물에 고추장을 제외한 양념장 재료를 모두 넣고
중불에서 4~5분 끓인 후 불을 끈다.
고추장을 넣고 잘 섞어 다시 1~2분 끓인다.

4 식힌 양념장을 말린 삼잎국화나물과 버무리고 용기에 담는다.
양념장을 조금 남겨 위에 덮은 다음, 냉장 보관하며 숙성시킨다.

그냥 먹거나 깨소금, 참기름으로 양념해서 먹는다. ✎

식 이 유 황 이 풍 부 한 .

삼채 고추장 장아찌

매운맛이 강하지만 쓴맛과 단맛도 있다고 해 '삼채(三菜)', 맛이 인삼과 비슷하다고 해 '삼채(蔘菜)'라고도 한다.
삼채에는 특히 식이유황이 양파의 2배, 마늘의 6배가 들어 있는데,
식이유황은 강력한 살균과 항균 작용을 해서 면역력 증진에 도움이 되는 항산화 물질이다.
또한 몸속의 피를 정화하고, 혈전을 용해시켜 몸 밖으로 배출시키는 작용을 한다.
참고로 유황 성분은 항암제, 염증 치료제, 통증 완화제, 류머티즘 치료제,
우울증 치료제, 피부 경화 치료제로 다양하게 사용하고 있다.

재료
삼채 1kg

데치기
물 2L
소금 2큰술

양념장
고추장 3컵
고운 고춧가루 2큰술
물엿 1.5컵
조청 1.5컵
생강즙 3큰술
청주 1/2컵
간장 2큰술

1 삼채를 준비해 깨끗이 씻는다. 끓는 소금물에 삼채를
2~3번 나누어 넣어 데친 다음 찬물에 헹구고 물기를 짠다.

2 채반에 널어 바람이 잘 통하는 곳에 두거나 식품건조기
(온도 38~40℃)에 넣어 꾸덕꾸덕해질 때까지 말린다.

3 고추장을 제외한 양념장 재료를 모두 넣고 중불에서 5분 정도
끓인 후 불을 끈다. 고추장을 넣고 잘 섞어 다시 3분 정도 끓인다.

4 식힌 양념장을 말린 삼채와 버무리고 용기에 담는다.
양념장을 조금 남겨 위에 덮은 다음, 냉장 보관하며 숙성시킨다.

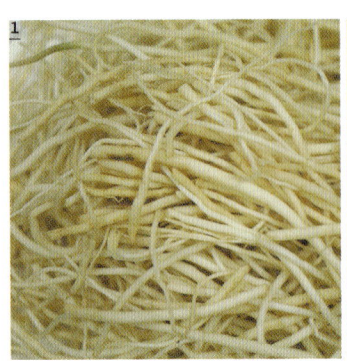

소화불량과 호흡기 질환에 효과적인

생강 고추장 장아찌

생강은 많은 사람들이 좋아하는 향신료이며, 소화불량, 복통, 호흡기 질환에 훌륭한 민간요법으로 활용되어왔다.
한방에서도 중요한 약재로 쓰임이 크다. 위를 튼튼히 하고 구토를 가라앉히며,
담을 삭이고 기를 내리고, 속이 차거나 몸에 찬 기운이 있을 때도 쓰인다.
생강의 매운맛 성분인 진저롤(gingerol)은 열을 가하면 쇼가올(shogaol)로 변하는데
쇼가올은 항균·항산화 작용을 하며 암 예방에 효과적이다.

재료
생강 1kg

데치기
물 2L
소금 2큰술

양념장
고추장 1컵
청주 1/2컵
물엿 1컵

1 생강은 껍질이 얇고 상한 부분이 없는 것으로 준비해
잘 씻고 껍질을 깨끗이 벗긴다. 0.5cm 두께로 썰어
찬물에 2~3시간 담갔다가 끓는 소금물에 데친다.

2 채반에 넣어 바람이 잘 통하는 곳에 두거나 식품건조기
(온도 38~40℃)에 넣어 꾸덕꾸덕해질 때까지 말린다.

3 양념장 재료를 바글바글 끓인다.

4 식힌 양념장을 말린 생강과 버무리고 용기에 담는다.
양념장을 조금 남겨 위에 덮은 다음, 냉장 보관하며 숙성시킨다.

2-1

2-2

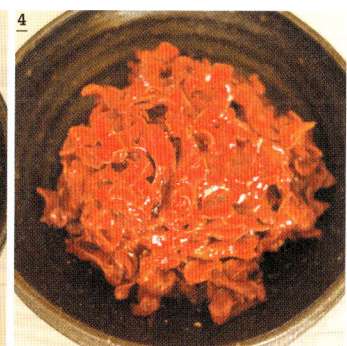

4

소루쟁이 고추장 장아찌

소루쟁이는 봄에 제일 먼저 나오는 봄나물로,
어린순은 나물로 먹고 뿌리는 약으로 쓴다.
소루쟁이는 다양한 염증과 항암 치료에 쓰이기도 한다.
생뿌리를 강판에 갈아 즙을 내서 피부병이나 종기 등에 바르면 효과가 있다.
생선회를 먹을 때 소루쟁이 새싹을 생식하면
각종 균으로 인한 감염을 예방할 수 있고 변비에도 효과가 뛰어나다.

재료
소루쟁이 어린잎 500g

데치기
물 2L
소금 2큰술

맛국물
멸치 10g
다시마 10×10cm 한 장
양파 50g(중 1/4개)
마늘 30g
건고추 2개
물 3컵

양념장
맛국물 1컵
고추장 1컵
다진 마늘 3큰술
생강즙 2큰술
간장 1큰술
물엿 2/3컵
청주 1/2컵

1 이른 봄철 부드러운 소루쟁이 잎을 준비한다.
끓는 소금물에 소루쟁이 잎을 3~4번 나누어 넣어 데친 후
찬물에 헹구고 물기를 짠다.

2 채반에 널어 바람이 잘 통하는 곳에서 꾸덕꾸덕해질 때까지
말린다.

3 맛국물 재료를 중불에서 끓여 맛국물 1컵을 만든다.
맛국물에 고추장을 제외한 양념장 재료를 모두 넣고
중불에서 5분 정도 끓인 후 불을 끈다.
고추장을 넣고 잘 섞어 다시 1~2분 끓인다.

4 식힌 양념장을 말린 소루쟁이 잎에 버무리고 용기에 담는다.
양념장을 조금 남겨 위에 덮은 다음, 냉장 보관하며 숙성시킨다.

그냥 먹거나 깨소금, 참기름으로 양념해서 먹는다. ✏️

쑥 고추장 장아찌

옛말에 '7년 된 병을 3년 묵은 쑥을 먹고 고쳤다'는 말이 있다. 그만큼 쑥의 약효가 뛰어나다는 의미이리라.
실제로 쑥은 마늘, 당근과 더불어 성인병을 예방하는 3대 식물로,
특히 피를 맑게 하고 혈액 순환을 좋게 하며 살균, 진통, 소염 등의 작용을 한다.
또한 쑥에는 탄닌, 비타민, 단백질과 칼슘, 인, 철, 칼륨 등의 무기질이 풍부해 자궁을 따뜻하게 하므로
냉, 대하, 생리통 등 부인병에도 효과가 있고 해열, 해독, 구충 작용을 한다.
생즙은 혈압 강하와 소화 촉진, 소염 작용이 있다고 알려져 있다. 각종 성인병 예방에도 효과적이다.

재료
쑥 1kg

절임액
간장 3큰술
물엿 1컵

양념장
청주 1/2컵
조청 1/2컵
생강즙 3큰술
다진 마늘 1/2컵
고운 고춧가루 2큰술
고추장 2컵

1 쑥은 부드러운 것으로 준비해 깨끗이 씻는다.
끓는 소금물에 쑥을 3~4번 나누어 넣어 데친 다음
찬물에 헹구고 물기를 짠다.
절임액에 쑥을 버무려 하루 정도 절인다.

2 체에 밭쳐서 물기를 제거한 후, 채반에 널어 바람이
잘 통하는 곳에 두거나 식품건조기(온도 38~40℃)에 넣어
꾸덕꾸덕해질 때까지 말린다. 이때 절인 물은 버리지 않는다.

3 쑥 절인 물에 고추장을 제외한 양념장 재료를 모두 넣고
5~6분 끓인 후 불을 끈다. 고추장을 넣고 잘 섞어
다시 1~2분 끓인다.

4 식힌 양념장을 말린 쑥과 버무리고 용기에 담는다.
양념장을 조금 남겨 위에 덮은 다음, 냉장 보관하며
5~6개월 숙성시킨다.

그대로 먹거나 다진 파 · 마늘, 참기름, 깨소금으로 무쳐 먹는다.

비타민과 단백질을 다량 함유한

쑥부쟁이 고추장 장아찌

부지깽이나물이라고도 부르는 섬쑥부쟁이는 국화과의 여러해살이풀로,
울릉도 산지에서 주로 자라지만 지금은 다른 곳에서도 재배한다.
울릉도에서는 흉년이 들면 쑥부쟁이를 구황작물로 이용했다.
비타민 A · C가 풍부하고, 단백질과 지방, 섬유질, 칼슘, 인 등을 다량 함유하고 있다.
연한 잎을 생채로 요리하거나 데쳐서 나물 또는 묵나물로 먹는다.
줄기와 잎에는 플라보노이드 배당체가 들어 있는데 감기, 편도선염, 기관지염을 치료하는 데 효과가 있다.

재료
쑥부쟁이 1kg

데치기
물 2L
소금 2큰술

맛국물
멸치 10g
다시마 10×10cm 한 장
양파 100g(중 1/2개)
마늘 30g
건표고버섯 2개
건고추 2개
물 4컵

양념장
맛국물 2컵
고운 고춧가루 2큰술
고추장 2.5컵
다진 마늘 1컵
생강즙 3큰술
간장 2큰술
물엿 1.5컵
청주 1/2컵
생강즙 3큰술

1 쑥부쟁이는 깨끗이 손질한다.
끓는 소금물에 쑥부쟁이를 3~4번 나누어 넣어 데친 후
찬물에 헹구고 물기를 짠다.

2 채반에 넣어 바람이 잘 통하는 곳에 두거나 식품건조기
(온도 38~40℃)에 넣어 꾸덕꾸덕해질 때까지 말린다.

3 맛국물 재료를 중불에서 끓여 맛국물 2컵을 만든다.
맛국물에 고추장을 제외한 양념장 재료를 모두 넣고
중불에서 5분 정도 끓인 후 불을 끈다.
고추장을 넣고 잘 섞어 다시 1~2분 끓인다.

4 식힌 양념장을 말린 쑥부쟁이와 버무리고 용기에 담는다.
양념장을 조금 남겨 위에 덮은 다음, 냉장 보관하며 숙성시킨다.

그냥 먹거나 깨소금, 참기름으로 양념해서 먹는다. ✏️

씀바귀 고추장 장아찌

씀바귀는 우리가 먹는 나물 중 가장 쓴 나물에 속한다.
맛은 쓰지만 염증을 내리고 열을 풀어주며 식욕을 돋우고 위장을 튼튼하게 해 소화 기능을 좋게 한다.
항스트레스, 면역력 강화, 염증 치료, 노화 방지, 피로를 억제하는 항산화 효과 등
성인병 예방 성분을 많이 가지고 있고 비타민 A와 칼륨이 풍부하다.
속이 늘 차고 소화가 안 되며 설사가 잦은 사람에게 좋지 않으며, 씀바귀가 쓰다고 꿀과 함께 먹는 것은 안 된다.

재료
씀바귀 500g

데치기
물 2L
소금 2큰술
설탕 1큰술

절임액
간장 2큰술
물엿 1컵

양념장
고추장 2컵
청주 1/2컵
조청 1컵
생강즙 2큰술
고운 고춧가루 2큰술
다진 마늘 1/2컵

1 씀바귀는 깨끗이 씻어 준비한다.
끓는 물에 소금, 설탕을 넣고 다시 끓으면 씀바귀를 3~4번
나누어 넣어 데친 다음 찬물에 헹군다.
찬물을 바꾸어가면서 반나절 정도 담가 쓴맛을 우려낸다.
절임액에 씀바귀를 버무려 3~4시간 절인다.

2 물기를 꼭 짜고 채반에 넣어 바람이 잘 통하는 곳에 두거나
식품건조기(온도 38~40℃)에 넣어 꾸덕꾸덕해질 때까지 말린다.

3 고추장을 제외한 양념장 재료를 모두 넣고 3분 정도 끓인 후
불을 끈다. 고추장을 넣고 잘 섞어 다시 1~2분 끓인다.

4 식힌 양념장을 말린 씀바귀와 버무리고 용기에 담는다.
양념장을 조금 남겨 위에 덮은 다음, 냉장 보관하며 숙성시킨다.

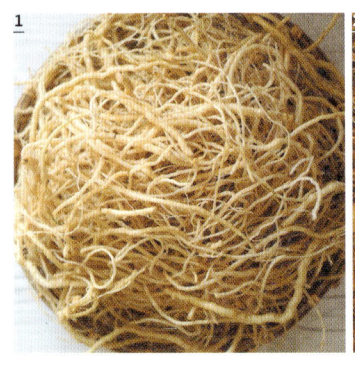

섬유질이 풍부한

양파 고추장 장아찌

양파는 혈전을 없애주는 효능을 지닌 섬유질과 플라보노이드가 풍부하다.
이는 혈액 속의 불필요한 지방과 콜레스테롤을 배출시켜 동맥경화와 고지혈증 완화에 도움이 되며,
항산화 물질이 풍부하여 노화 방지와 당뇨병 치료에 효과가 있다고 한다.
또한 심장질환 예방, 숙취 해소, 니코틴 해독 등 다양한 효능이 많고 쉽게 구할 수 있어 식생활에서 즐겨 찾는 채소다.
양파 껍질에는 몸의 산화를 막는 물질인 퀘세틴이 특히 많이 들어 있으며,
고혈압과 당뇨병 치료에 효과적이고 항암 작용도 하는 것으로 알려져 있다.

재료
양파 2kg

절임액
물 5컵
식초 1컵

양념장
고추장 1.5컵
조청 1컵
청주 1/2컵

1 양파는 너무 굵지 않은 것으로 준비해 깨끗이 씻은 다음
1cm 폭으로 썬다.
절임액에 양파를 1시간 정도 담가 매운맛을 뺀다.

2 물기를 꼭 짜고 채반에 넣어 바람이 잘 통하는 곳에 두거나
식품건조기(온도 38~40℃)에 넣어 꾸덕꾸덕해질 때까지 말린다.
절임액에 담가 둔 양파를 말려서 간식으로 활용해도 좋다. ✏️

3 고추장을 제외한 양념장 재료를 4~5분 끓인 후 불을 끈다.
고추장을 넣고 잘 섞어 다시 1~2분 끓인다.

4 식힌 양념장을 말린 양파와 버무리고 용기에 담는다.
양념장을 조금 남겨 위에 덮은 다음, 냉장 보관하며 숙성시킨다.

고추장
장아찌

양하 고추장 장아찌

양하는 9월 중순에 제주도에서 나는 생강과의 다년초로, 매운맛 성분인 진저롤과 쇼가올 등이 들어 있어 생강 맛이 난다.
약재로 많이 이용하는데 혈액 순환, 진통, 건위, 심장병, 결막염, 진해, 거담, 식욕 부진 등에 효과가 좋다고 알려져 있다.

재료
양하 500g

데치기
물 5컵
소금 1큰술

양념장
고추장 1컵
물엿 1/2컵
청주 3큰술
다진 마늘 3큰술

1 양하를 깨끗이 씻은 뒤 겉껍질은 질기므로 벗겨낸다.
끓는 소금물에 양하를 넣어 데친 다음 찬물에 헹구고 물기를 짠다.

2 채반에 널어 바람이 잘 통하는 곳에 두거나 식품건조기
(온도 38~40℃)에 넣어 꾸덕꾸덕해질 때까지 말린다.

3 양념장 재료를 3~4분 끓인다.

4 식힌 양념장을 말린 양하와 버무리고 용기에 담는다.
양념장을 조금 남겨 위에 덮은 다음, 냉장 보관하며
2개월 정도 숙성시킨다.

그냥 먹거나 깨소금, 참기름으로 양념해서 먹는다.

메밀 잎을 닮고 약으로 쓰는

어성초 고추장 장아찌

생선 비린내가 난다고 해서 '어성초'라고 불리며, 메밀의 잎을 닮았고 약으로 쓴다고 해서 '약모밀'이라고도 한다.
《본초강목》에 '어성초는 세균성 질환에 효과가 있어 악성 종기나 독을 없애는 데 썼다'고 나와 있을 정도로 항생 효과가 높다.
영양 성분으로는 섬유질·단백질·미네랄이 풍부한데, 섬유질은 현미의 12배, 칼슘은 쌀의 6배에 달하며, 비타민 B도 있다.
항균, 면역 증강, 이뇨 작용에도 좋다.

재료
어성초 1kg

데치기
물 2L
소금 3큰술

양념장
고추장 1.5컵
물엿 1컵
다진 마늘 5큰술
생강즙 2큰술
청주 1/2컵
설탕 3큰술

1 어성초 잎을 준비해 깨끗이 씻는다. 끓는 소금물에 어성초 잎을
3~4번 나누어 넣어 데친 다음 찬물에 헹군다.
찬물을 갈아가면서 5~6시간 담가 냄새를 제거한다.

2 물기를 꼭 짜고 채반에 넣어 바람이 잘 통하는 곳에 두거나
식품건조기(온도 38~40℃)에 넣어 꾸덕꾸덕해질 때까지 말린다.

3 고추장을 제외한 양념장 재료를 모두 넣고
중불에서 5~6분 끓인 후 불을 끈다.
고추장을 넣고 잘 섞어 다시 1~2분 끓인다.

4 식힌 양념장을 말린 어성초 잎과 버무리고 용기에 담는다.
양념장을 조금 남겨 위에 덮은 다음, 냉장 보관하며 숙성시킨다.

그냥 먹거나 깨소금, 참기름으로 양념해서 먹는다.

고추장
장아찌

쌉쌀한 맛과 향이 일품인

엄나무 순 고추장 장아찌

봄에 나온 엄나무 새싹은 두릅과 모양과 맛이 비슷해 '개두릅나무' 라고도 한다.
봄나물 중 '귀족나물'로 불리는 엄나무 순은 약효가 좋아 약재로도 널리 쓰인다.
특유의 쌉쌀한 맛과 향 때문에 봄철 미식가들이 즐겨 찾는다.
엄나무 순은 당뇨병을 예방하고 신장 기능을 좋게 하는 등 약성이 있다.
특히 엄나무 줄기와 순이 관절염이나 신경통, 비염 등에 탁월한 효능이 있다고 알려졌다.

재료
엄나무 순 1kg

데치기
물 2L
소금 2큰술

절임액
국간장 2큰술
물엿 1컵

양념장
청주 1/2컵
조청 1컵
마늘 3큰술
생강즙 3큰술
고운 고춧가루 2큰술
고추장 2컵

1 끓는 소금물에 엄나무 순을 3~4번 나누어 넣어 살짝 데친 다음 찬물에 헹구고 물기를 짠다.
절임액에 엄나무 순을 버무려 1시간 절인다.

2 체에 밭쳐 수분을 제거하고, 채반에 널어 바람이 잘 통하는 곳에 두거나 식품건조기(온도 38~40℃)에 넣어 꾸덕꾸덕해질 때까지 말린다. 이때 절인 물은 버리지 않는다.

3 엄나무 순 절인 물에 고추장을 제외한 양념장 재료를 모두 넣고 중불에서 5~6분 끓인 후 불을 끈다.
고추장을 넣고 잘 섞어 다시 1~2분 끓인다.

4 식힌 양념장을 말린 엄나무 순과 버무리고 용기에 담는다.
양념장을 조금 남겨 위에 덮은 다음, 냉장 보관하며 숙성시킨다.

그냥 먹거나 깨소금, 참기름으로 양념해서 먹는다.

고추장
장아찌

몸 속 노 폐 물 배 출 해 주 는
오이 고추장 장아찌

오이는 향미, 색깔, 식감이 좋아 오이지, 장아찌, 소박이, 생채, 냉국, 무름, 샐러드 등
우리의 식탁을 풍요하게 해주는 채소이다.
특히 여름철 땀을 많이 흘려 우리 몸속에 수분이 부족할 때
오이를 먹으면 체내 수분 유지에 도움이 된다.
또한 오이에는 칼륨이 풍부하게 들어 있어 몸속 노폐물을 배출해주며
펙틴과 비타민, 식이섬유 등이 풍부해 염증 완화를 돕는다.

재료
오이(오이지용) 10개

절임액
물 2L
소금 1컵
소주 1컵
물엿 1컵

양념장
조청 1/2컵
고운 고춧가루 1/2컵
고추장 2컵
생강즙 3큰술
다진 마늘 3큰술

1 오이는 스테인리스 그릇에 담고 끓는 물을 부어 10분 정도
두었다가 오이만 건져내고 물은 버린다.

2 냄비에 물 2L를 넣고 끓으면 소금을 넣고 끓여 식힌 후 물엿과
소주를 넣는다. 이 물을 오이에 붓고 무거운 것으로 눌러놓는다.
3~4일 후 절임액만 따라 내어 끓인 후 식혀서 다시 붓는다.

3 일주일 후 오이를 건져 채반에 널어 꾸덕꾸덕해질 때까지 말린다.

4 고추장을 제외한 양념장 재료를 중불에서 4~5분 끓인 후 불을 끈다.
고추장을 넣고 잘 섞어 중불에서 살짝 끓인다.

5 식힌 양념장을 말린 오이와 버무리고 용기에 담는다.
오이에 간이 배면 양념하여 무친다.

먹을 때는 양념장이 배인 오이지를 물에 깨끗이 씻어 잘게 썰어 먹기도 하고,
참기름, 깨소금에 무쳐서 먹기도 한다. 🖊

오이지용 오이는 너무 크면 맛이 좋지 않으므로 작고 통통한 것을 고른다.
오이지를 담그는 시기에 마늘대가 제철이므로 같이 넣으면 맛이 좋다.

고추장
장아찌

이눌린 성분 풍부한

우엉 고추장 장아찌

예부터 우엉을 먹으면 오래 살고 늙지 않으며,
병들어 죽을 일이 없다는 속설이 있을 만큼 훌륭한 약초로 대접받아왔다.
알칼리성 식품인 우엉의 주성분은 탄수화물인데, 그 대부분이 '이눌린'이다.
이눌린 성분은 장내 유익균을 크게 활성화하며,
당뇨병 환자에게 아주 좋고 이뇨 효과가 있어 신장을 통해 독성을 정화해준다.
항암, 간 기능 활성화, 화농성균 및 피부병을 일으키는 여러 가지 사상균 억제 작용을 한다.

재료
우엉 500g

절임액
물엿 1컵

양념장
고추장 1.5컵
청주 1/2컵
간장 3큰술
설탕 2큰술
고운 고춧가루 1큰술

1 우엉은 깨끗이 씻은 다음 껍질을 벗기지 말고 긁는다.
우엉을 3~4cm 정도 길이로 썬 뒤 김이 오른 찜기에 넣고
15분 정도 찐다.

2 물엿에 우엉을 버무려 2~3시간 두어 우엉의 수분을 뺀다.
이때 절인 물은 버리지 않는다.

3 체에 밭쳐 수분을 제거하고, 채반에 널어 바람이 잘 통하는
곳에서 꾸덕꾸덕해질 때까지 말린다.

4 우엉 절인 물에 고추장을 제외한 양념장 재료를 모두 넣고
중불에서 6~7분 끓인 후 불을 끈다.
고추장을 넣고 잘 섞어 다시 1~2분 끓인다.

5 식힌 양념장을 말린 우엉과 버무리고 용기에 담는다.
양념장을 조금 남겨 위에 덮은 다음, 냉장 보관하며 숙성시킨다.

고추장
장아찌

사포닌 성분이 면역력 증진하는

인삼 고추장 장아찌

인삼은 뿌리 모양이 사람 형상과 비슷해 인삼(人蔘)이라고 한다.
인삼은 오장육부의 기를 보충하고 정신을 안정시켜 기억력을 좋게 한다.
사포닌 성분은 면역력 증진과 피로 해소에도 좋고 간을 치료해준다.
당뇨, 고지혈증, 동맥경화 등 성인병의 예방과 치료에 뛰어나다.

재료
수삼 500g
꿀 3큰술

절임액
소금 1/2큰술
설탕 1큰술
배즙 3큰술

양념장
고추장 1.5컵
조청 1컵
청주 1/2컵

1 수삼은 잔뿌리를 제거한 다음 껍질은 벗기지 않고
물로 흙을 씻는다. 0.7cm 정도 두께로 편으로 썬 후
절임액에 인삼을 버무려 1시간 절인다.
이때 인삼에서 나온 물은 버리지 않는다.

2 면보 위에 인삼 편을 놓고 밀대로 민다.

3 채반에 널어 바람이 잘 통하는 곳에서 꾸덕꾸덕해질 때까지
말린다.

4 인삼 절인 물에 청주와 조청을 넣어 3~4분 끓인 후
불을 끈다. 고추장을 넣고 잘 섞어 다시 1~2분 끓인다.

5 식힌 양념장을 말린 인삼과 버무리고 용기에 담는다.
그 위에 꿀을 골고루 뿌려 보관한다.

쌉싸름한 맛과 인삼 향이 일품인

인삼 꽃 고추장 장아찌

강화도 시외 버스터미널 옆에 풍물시장이 자리 잡고 있다.
인삼의 고장답게 인삼과 더불어 다양한 약재와 먹을거리가 풍성하다.
이곳 풍물시장에 가면 평소 쉽게 볼 수 없는 인삼 꽃을 만날 때가 있다.
귀한 인삼 꽃을 사서 말린 다음 손질하여 장아찌를 만들었는데 쌉싸름한 맛과 풍부한 인삼 향이 그야말로 일품이다.
인삼 꽃은 사포닌인 진세노사이드가 인삼 뿌리보다 2~3배 이상 들어 있다.

재료
인삼 꽃 말린 것 100g
꿀 3큰술

양념장
고추장 1.5컵
물엿 1컵
조청 1/2컵
생강즙 3큰술
간장 3큰술
맛술 1/2컵
청주 1/2컵

1 인삼 꽃 말린 것을 재빨리 씻고 채반에 널어 물기를 제거한다.

2 양념장 재료를 4~5분 끓인다.

3 식힌 양념장을 인삼 꽃과 버무리고 용기에 담는다.
그 위에 꿀을 골고루 뿌려 보관한다.

먹을 때는 그냥 먹거나, 생수에 헹군 후 참기름, 깨소금을 넣어 양념한다.

고추장
장아찌

면역 체계 향상 효과 있는

새싹 인삼 고추장 장아찌

새싹 인삼은 수경 재배한 것으로 어린 인삼 전체(잎, 줄기, 뿌리)를 먹을 수 있다.
새싹에 함유된 진세노사이드는 간 손상 예방, 피로 해소, 항종양 상호 작용 지원,
면역 체계 향상 등에 효과가 있다. 또한 농촌진흥청 연구 결과 뇌신경 보호,
치매 예방, 암, 비만 및 고지혈증을 예방하는 효과가 있는 것으로 밝혀졌다.

재료
새싹 인삼 500g

절임액
간장 3큰술
설탕 3큰술

양념장
고추장 1.5컵
조청 1컵
청주 1/2컵

1 새싹 인삼을 깨끗이 씻는다.
절임액에 새싹 인삼을 버무려 1시간 정도 절인다.
이때 새싹 인삼 절인 물은 버리지 않는다.

2 체에 밭쳐 수분을 제거한 다음, 채반에 널어 말린다.

3 새싹 인삼 절인 물에 양념장 재료를 모두 넣고 끓인다.

4 식힌 양념장을 새싹 인삼과 버무려 용기에 담아
냉장 보관하며 숙성시킨다.

다이어트와 눈에 좋은

여주 고추장 장아찌

여주는 피로를 해소하고 혈액 순환을 개선하는 데 좋은 식재료다.
생리불순과 변비에 좋으며, 소변이 잘 나오게 하고 부종을 해소한다.
비타민 C가 풍부하고, 다이어트에 도움이 되는 리놀렌산, 눈에 좋은 카로틴 성분이 들어 있다.
여주를 고기와 함께 먹으면 고기의 누린내와 기름기 제거에 좋다.

재료
여주 500g

데치기
물 2L
소금 2큰술
설탕 1큰술

양념장
고추장 1.5컵
고운 고춧가루 2큰술
조청 1컵
생강즙 3큰술
청주 1/2컵
설탕 3큰술

1   여주는 너무 익지 않은 것을 준비한다.
여주를 깨끗이 씻고 길게 반으로 잘라 씨와 속을 제거한 다음
0.5cm 두께로 썬다.

2   끓는 물에 소금과 설탕을 넣고 다시 끓으면 여주를 넣어
살짝 데친 다음 찬물에 헹군다.
찬물을 갈아가며 여주를 담가 쓴맛을 제거한다.

3   채반에 널어 바람이 잘 통하는 곳에 두거나 식품건조기
(온도 38~40℃)에 넣어 꾸덕꾸덕해질 때까지 말린다.

4   양념장 재료를 모두 넣고 3~4분 끓인다.

5   식힌 양념장을 말린 여주와 버무리고 용기에 담는다.
양념장을 조금 남겨 위에 덮은 다음, 냉장 보관하며
6개월 정도 숙성시킨다.

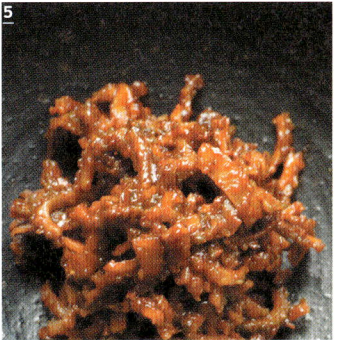

비타민 · 천연색소 풍부해 피부에 좋은

자두 고추장 장아찌

자두는 펙틴이 풍부해 엉기는 성질이 있어 잼과 젤리가 잘 만들어진다.
영양 성분으로는 펙틴 등의 식이섬유와 사과산 등의 유기산, 칼슘과 인, 철 등의 무기질 등이 들어 있으며
비타민 C는 적은 편이다. 생리활성 물질이 풍부해 항산화 작용은 물론이고
돌연변이 억제 작용, 소화 기능 촉진, 스트레스 해소 및 피로 해소 등에 효과가 크다.
피부에 좋은 수분과 항산화 비타민, 천연색소들이 풍부하게 들어 있어 피부를 젊게 유지시킨다.

재료
자두 1kg

양념장
고추장 1컵
청주 3큰술
물엿 1컵
생강즙 1큰술

1 자두는 단단한 것으로 준비해 깨끗이 씻은 후
   과육만 1.5cm 두께로 썬다.

2 채반에 널어 바람이 잘 통하는 곳에 두거나
   식품건조기(온도 38~40℃)에 넣어 꾸덕꾸덕해질 때까지 말린다.

3 양념장 재료를 3~4분 끓인다.

4 식힌 양념장을 말린 자두와 버무려 용기에 담는다.
   냉장 보관하며 숙성시킨다.

쫄 깃 하 게 씹 히 는 맛 이 일 품 인

죽순 고추장 장아찌

죽순은 대나무의 땅속줄기에서 돋아나는 어린순이다.
독이 있어서 날로 먹으면 탈이 나므로, 물에 데쳐서 요리하거나 구워 먹으면 쫄깃하게 씹히는 맛이 일품이다.
비타민은 별로 없지만 단백질이 많고, 탄수화물도 포함하고 있다.
섬유질이 많아서 장의 운동을 좋게 하고 변비 해소와 숙변 제거에 좋다.
뇌압이 높은 사람, 어린이의 경기, 화로 인한 담과 중풍, 고열 등에 효능이 있다.

재료
죽순 500g

절임액
고추 발효액 또는 물엿 1/2컵
간장 3큰술

양념장
조청 2/3컵
고추장 1.5컵
청주 3큰술

1 죽순은 껍질째로 쌀뜨물에 넣고 중불에서 1시간 정도 삶는다.
죽순을 식힌 다음 껍질을 벗겨 1.5×5cm 크기로 자르고
절임액에 죽순을 버무려 하루 정도 절인다.

2 체에 밭친 다음, 채반에 널어 바람이 잘 통하는 곳에서
꾸덕꾸덕해질 때까지 말린다.

3 죽순 절인 물에 고추장을 제외한 양념장 재료를 넣고
5~6분 끓인 후 불을 끈다.
고추장을 넣고 잘 섞어 다시 1~2분 끓인다.

4 식힌 양념장을 말린 죽순과 버무리고 용기에 담는다.
양념장을 조금 남겨 위에 덮은 다음, 냉장 보관하며 숙성시킨다.

고추 발효액 만드는 법은 간단하다. 청양고추를 썰고 같은 양의 설탕과 버무려
잘 발효시키면 7~8개월 후 사용할 수 있다.

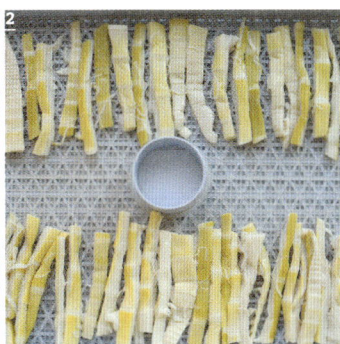

흔한 나물이자 만병통치약

질경이 고추장 장아찌

질경이는 우마차 바퀴에 짓눌려도 잘 자란다 하여 '차전자'라고도 한다.
한방에서는 종자를 차전자(車前子), 잎을 차전(車前)이라고 부른다.
질경이는 어린잎은 국을 끓여 먹고, 조금 억세지면 삶아서 볶거나,
말려서 묵나물로 먹거나, 장아찌를 담가 먹는다.
길가에서도 흔히 볼 수 있는 풀이자 나물로
예부터 만병통치약으로 불린 정도로 활용 범위가 넓고 약효도 뛰어나다.

재료
질경이 1kg

데치기
물 2L
소금 2큰술
설탕 1큰술

절임액
물엿 또는 고추 발효액 1컵

양념장
조청 1컵
다진 마늘 1/2컵
고운 고춧가루 2큰술
생강즙 3큰술
청주 1/2컵
고추장 2.5컵

1 질경이 잎은 부드러운 것으로 준비해 깨끗이 씻는다.
끓는 물에 소금과 설탕을 넣고 다시 끓으면
질경이 잎을 3~4번 나누어 넣어 데친 다음 찬물에 헹군다.

2 절임액에 질경이를 버무려 12시간 정도 절인다.
이때 절임액은 버린다.

질경이는 질기고 쓴맛이 있으므로 절임액에 절이거나,
손으로 주물러서 쓴맛을 없앤다. 🖊

3 체에 받친 다음, 채반에 널어 바람이 잘 통하는 곳에 두거나
식품건조기(온도 38~40℃)에 넣어 꾸덕꾸덕해질 때까지 말린다.

4 고추장을 제외한 양념장 재료를 모두 넣고 5~6분 끓인 후
불을 끈다. 고추장을 넣고 잘 섞어 중불에서 다시 1~2분 끓인다.

5 식힌 양념장을 말린 질경이와 버무리고 용기에 담는다.
양념장을 조금 남겨 위에 덮은 다음, 냉장 보관하며
5~6개월 숙성시킨다.

그대로 먹거나 다진 파 · 마늘, 참기름, 깨소금으로 무쳐 먹는다.
전북에서는 빼뿌쟁이 장아찌라고도 한다. 🖊

고추장
장아찌

갈증 해소와 수분 보충에 좋은
참외 고추장 장아찌

참외는 가래를 삭이고 풍담과 이뇨 작용에 좋은 과일로 성질이 차고 수분이 많다.
그래서 여름철에 땀을 많이 흘려 생기는 갈증이나 수분 부족에 좋은 과일이다.
참외 껍질에는 엽산이 풍부하여 빈혈에도 도움이 된다.
다른 과일보다 칼륨의 양이 굉장히 높기 때문에 신장이 약한 사람은
심장 부정맥이 생길 수 있으므로 하루 1개 정도 섭취하는 것이 좋다.
또 위장이 약하거나 소화가 잘 안 되는 사람도
설사가 나올 수 있으므로 하루 1개 정도 섭취를 권장한다.

재료
참외 5개
(씨를 제거한 참외 2~2.5kg)

절임액
설탕 100g
굵은소금 100g
물엿 1컵

양념장
고추장 2.5컵
조청 1컵
생강즙 3큰술
청주 1/2컵

참외 장아찌는 덜 익어
단단한 참외로 담가야
아삭하고 향이 좋다.
참외 장아찌에
양파를 같이 넣으면 잘 어울린다.

1 참외는 단단하고 과육이 두꺼운 것으로 준비해서 깨끗이 씻는다.
껍질째 반으로 가르고 속의 씨를 깨끗이 파내고 절임액용 소금과
설탕을 섞어 참외 가운데에 넣고 참외가 숨이 죽으면
무거운 것을 올려 하루를 둔 뒤 물엿을 넣어 버무린다.
다시 무거운 것으로 눌러 1~2일 둔다.

참외는 씨를 제거한 무게를 계량한다. ✎

무거운 것이 없을 때는 2L짜리 6개가 들어 있는 생수병 한 묶음을 올린다. ✎

2 참외의 수분과 짠맛이 빠지면 참외만 건져,
채반에 널어 그늘에 두거나 식품건조기(온도 38~40℃)에 넣어
꾸덕꾸덕해질 때까지 말린다.

3 고추장을 제외한 양념장 재료를 모두 넣고
3~4분 끓인 후 불을 끈다.
고추장을 넣고 잘 섞어 다시 1~2분 끓인다.

4 식힌 양념장을 말린 참외와 버무리고 용기에 담는다.
양념장을 조금 남겨 위에 덮은 다음, 냉장 보관하며 숙성시킨다.

씻은 다음 썰어서 그냥 먹거나 참기름, 깨소금, 설탕으로 양념해서 먹는다. ✎

두뇌 영양제로 불리는

초석잠 고추장 장아찌

초석잠은 석잠풀 뿌리 열매를 말하며, 생김새가 풀 아래 누에를 닮았다 하여 '초석잠'이라 이름 붙여졌다.
초석잠은 두뇌 영양제라 불릴 만큼 뇌 기능 활성에 도움을 준다.
특히 콜린이라는 성분이 치매 예방에 효과적이며 기억력과 인지력, 집중력 개선에 도움을 주는 것으로 알려져 있다.

재료
초석잠 1kg

절임액
국간장 3큰술
물엿 1컵
고추 발효액 1/2컵

양념장
조청 1컵
고추장 1.5컵
청주 1/2컵

1 초석잠을 깨끗이 씻고 채반에 넣어 물기를 제거한다.
절임액에 초석잠을 버무려 하루 정도 절인다.

2 체에 밭친 다음, 채반에 넣어 꾸덕꾸덕해질 때까지 말린다.

3 초석잠 절인 물에 고추장을 제외한 양념장 재료를 넣고
3~4분 끓인 후 불을 끈다.
고추장을 넣고 잘 섞어 다시 1~2분 끓인다.

4 식힌 양념장을 말린 초석잠과 버무리고 용기에 담는다.
양념장을 조금 남겨 위에 덮은 다음, 냉장 보관하면서 숙성시킨다.

매콤하고 톡 쏘는 맛이 나는

초피 잎 고추장 장아찌

제피나무라고도 부르는 초피나무는 어린잎은 나물이나 장아찌로 먹고, 열매와 열매 껍질은 약재와 향신료로 쓴다.
생김새가 산초와 비슷하지만 산초는 잎이 매끈하고 제피는 잎 가장자리가 뾰족하다.
매콤하고 톡 쏘는 맛이 있고 음식의 부패를 예방하므로, 추어탕 등의 민물고기 요리와 김치 양념으로 사용한다.
한방에서는 초피나무의 성질이 뜨거워서 속을 따뜻하게 하므로 기운을 도우며 소화가 잘되게 돕는다고 한다.
구충제와 염증 치료에도 효험이 있다.

재료
초피 잎 500g

절임액
간장 1/2컵

양념장
맛술 1/2컵
물엿 1.5컵
고추장 1.5컵
생강즙 2큰술
청주 1/2컵
설탕 2큰술

1 어린 초피 잎을 준비해서 깨끗이 씻는다. 물기를 제거한 후
간장 1/2컵을 나누어 부어 3시간 정도 절인 후 꼭 짠다.
이때 나온 물은 버린다.
끓는 물에 초피 잎을 살짝 넣었다가 찬물에 헹구고 물기를 짠다.

초피는 맛이 강해서 이런 과정을 거쳐야 부드러워진다. ✎

2 채반에 널어 바람이 잘 통하는 곳에 두거나 식품건조기
(온도 38~40℃)에 넣어 꾸덕꾸덕해질 때까지 말린다.

3 고추장을 제외한 양념장 재료를 모두 넣고 4~5분 끓인 후
불을 끈다. 고추장을 넣고 잘 섞어 다시 1~2분 끓인다.

4 식힌 양념장을 말린 초피 잎과 버무리고 용기에 담는다.
양념장을 조금 남겨 위에 덮은 다음, 냉장 보관하며 숙성시킨다.

삼겹살 등 육류 요리 및 생선 요리와 같이 먹으면 좋다. ✎

취나물 고추장 장아찌

독특한 풍미 지닌

진한 향을 머금은 참취는 우리나라 전역의 산에서 자라는 여러해살이풀로, 흔히 '취나물'이라고 한다.
독특한 풍미를 지닌 참취는 가장 대중적인 산나물이다.
칼슘 함량이 높은 알칼리성 식품이며, 항산화 효과가 있는 비타민 A와 베타카로틴이 풍부해
세포를 보호하고 노화 예방에 효과적이다.

재료
취나물 1kg

데치기
물 2L
소금 3큰술

맛국물
멸치 10g
다시마 10×10cm 한 장
양파 50g(중 1/4개)
건고추 1개
마늘 30g
건표고버섯 1개
물 3컵

양념장
맛국물 1컵
고추장 2컵
생강즙 3큰술
다진 마늘 3큰술
물엿 1컵
설탕 1/2컵
청주 1/2컵

1 끓는 소금물에 취나물을 3~4번 나누어 넣어 데친 다음
찬물에 헹구고 물기를 짠다.

2 채반에 넣어 그늘에서 꾸덕꾸덕해질 때까지 말린다.

3 맛국물 재료를 중불에서 끓여 맛국물 1컵을 만든다.
여기에 고추장을 제외한 양념장 재료를 모두 넣고
중불에서 5분 정도 끓인 후 불을 끈다.
고추장을 넣고 잘 섞어 다시 1분 정도 끓인다.

4 식힌 양념장을 말린 취나물과 버무리고 용기에 담아
냉장 보관하며 숙성시킨다.

5일과 10일에 열리는 경기도 양평의 용문 5일장에 가면 팔당 상수원 보호구역의 오염되지 않은 깨끗한 환경에서
자란 산나물이 많이 나온다. 해마다 봄철에는 참취와 두릅 등 산나물을 사기 위해 용문 5일장을 즐겨 찾는다.
봄기운 가득한 자연산 참취를 사다가 장아찌를 담가 소중하게 사용한다.

콩보다 영양소 다양한

단풍콩잎 고추장 장아찌

쓸모없다고 버려지던 콩잎이 귀한 대접을 받고 있다.
콩잎에는 갱년기 질환에 효과가 있는 이소플라본 성분이 풍부하다고 알려졌기 때문이다.
농촌진흥청에 따르면 콩잎 추출물이 비만과 동맥경화, 당뇨 예방에 효능이 있다고 한다.
장아찌나 쌈으로 즐겨 먹는 콩잎에는 콩보다 훨씬 다양한 건강기능성 성분이 존재한다.
일반적으로 콩에는 기능성 물질인 이소플라본과 식물스테롤인 사포닌만 존재하지만,
콩잎에는 이소플라본류, 플라본류, 플라보놀 등 생리활성 물질들이 포함되어 있다.

재료
삭힌 단풍콩잎 3묶음(500g)

양념장
고추장 1컵
다진 마늘 3큰술
생강즙 2큰술
고운 고춧가루 1/3컵
물엿 1/2컵
액젓 5큰술
청주 3큰술
설탕 3큰술

1 삭힌 단풍콩잎을 준비해서 찬물을 갈아가면서 2~3일 담가
짠맛과 냄새를 제거한다.

2 끓는 물에 30분 정도 삶은 다음 찬물에 헹구고 물기를 짠 후
30분 정도 놔두고 수분을 없앤다.

3 고추장을 제외한 양념장 재료를 3~4분 끓인 후 불을 끈다.
고추장을 넣고 잘 섞어 다시 1~2분 끓인다.

4 식힌 양념장을 콩잎 1~2장마다 바르고 용기에 담아
냉장 보관하며 숙성시킨다.

가을에 노랗게 단풍이 든 콩잎을 준비한 다음
물 1컵에 소금 1큰술 비율로 만든 소금물에 2~3주 삭혀 사용한다.
삭힌 단풍콩잎은 시중에 판매하는 것을 이용하면 된다.

고추장
장아찌

활 성 산 소 제 거 하 는 라 이 코 펜 이 많 은

토마토 고추장 장아찌

'토마토가 빨갛게 익으면 의사 얼굴이 파랗게 된다'는 유럽 속담이 있다.
토마토는 10대 장수 식품 중 하나로 꼽히는데, 건강식품으로 주목받는 가장 큰 이유는 '라이코펜'이다.
라이코펜은 노화의 원인이 되는 활성산소를 제거하고
남성의 전립선암, 여성의 유방암, 소화기 계통의 암을 예방하는 데 효과가 있다.
또 비타민 K가 많아 칼슘이 빠져나가는 것을 막고 골다공증이나 노인성 치매를 예방한다.
토마토에 들어 있는 칼륨은 체내 염분을 몸 밖으로 배출시켜 짜게 먹는 데서 비롯한 고혈압을 예방하는 데도 도움이 된다.

재료
토마토 1kg

절임액
소금 2큰술
물엿 1/2컵

양념장
고추장 1컵
청주 3큰술
조청 1/2컵
생강즙 1큰술
고운 고춧가루 1큰술

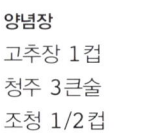

1 토마토는 빨갛게 익지 않은 것을 준비해
깨끗이 씻은 다음 가운데에 칼로 열십자를 낸다.

2 끓는 물에 토마토를 30초 정도 넣었다가 건져서
얼음물에 30초 정도 담그고 다시 건져서 껍질을 벗긴다.
껍질을 벗긴 토마토를 4쪽으로 갈라 안의 씨를 제거한다.

3 절임액에 토마토를 버무린 뒤 12시간 정도 무거운 것으로 눌러
물기를 뺀다.

4 토마토를 건져 채반에 널고 꾸덕꾸덕해질 때까지 말린다.

5 양념장을 바글바글 끓인다.

6 식힌 양념장을 말린 토마토와 버무리고 용기에 담아
냉장 보관하며 숙성시킨다.

암 예방과 노화 방지에 좋은

방울토마토 고추장 장아찌

방울토마토는 작고 동글동글한 귀여운 모양이 특징이고, 손질하기 쉽고 먹기도 간편하며 영양도 풍부하다.
토마토와 마찬가지로 방울토마토가 가진 '라이코펜' 성분은 남성의 전립선암,
여성의 유방암을 예방하는 것은 물론 노화 방지에도 탁월한 효과가 있다.
또 수분 함유량이 높아 무더운 날씨에 먹으면 갈증을 시원하게 해소할 수 있다.

재료
방울토마토 1kg

양념장
고추장 1컵
청주 1/2컵
조청 1/2컵
생강즙 1큰술

1 방울토마토는 깨끗이 씻은 뒤 작은 칼을 이용해
  가운데에 열십자를 낸다.

2 끓는 물에 방울토마토를 20초 정도 넣었다가 건져
  얼음물에 30초 정도 담그고 다시 건져서 껍질을 벗긴다.

3 채반에 널어 꾸덕꾸덕해질 때까지 말린다.

4 양념장 재료를 바글바글 끓인다.

5 식힌 양념장을 말린 방울토마토와 버무리고 용기에 담아
  냉장 보관하며 숙성시킨다.

고추장
장아찌

뼈 를   튼 튼 하 게   해 주 는

톳 고추장 장아찌

톳은 흔히 먹는 해조는 아니지만 칼슘·요오드·철 등의 무기질이 많이 포함되어 있어 건강식품으로 각광받고 있다.
혈관 정화를 막고 치아가 건강해지며 머리털이 윤택해진다고 알려졌다.
특히 임신부가 먹으면 태아의 뼈를 튼튼하게 해준다고 한다.
칼슘과 칼륨도 풍부해 혈압이 높은 사람이나 스트레스를 많이 받는 사람에게 도움이 된다.
톳에 함유되어 있는 철분은 시금치의 3~4배나 되어 빈혈 증세 완화에 효과적이다.

재료
톳 500g

데치기
물 1L

양념장
고추장 1컵
물엿 1컵
조청 1/2컵
생강즙 3큰술
청주 1/2컵
고운 고춧가루 2큰술

1 톳은 깨끗이 씻어 찬물에 30~40분 담가 짠맛을 뺀다.
끓는 물에 톳을 살짝 데친 다음 찬물에 헹구고
적당한 길이로 자른다.

2 채반에 넣어 잠시 말린다.

3 고추장을 제외한 양념장 재료를 모두 넣어
중불에서 3분 정도 끓인 후 불을 끈다.
고추장을 넣고 잘 섞어 다시 1~2분 끓인다.

4 식힌 양념장을 물기를 없앤 톳과 버무리고 용기에 담는다.
양념장을 조금 남겨 위에 덮은 다음, 냉장 보관하며 숙성시킨다.

시중에 판매되고 있는 말린 톳으로도 장아찌 만들기가 가능하다.

칼로리 낮고 식이섬유 풍부한

팽이버섯 고추장 장아찌

팽이버섯은 맛과 영양도 좋아 찌개, 전골 등 다양한 요리에 활용한다.
갓이 희고 중심부가 담갈색이고 살이 두꺼운 것일수록 품질이 좋다.
단백질 함량이 높고 필수아미노산, 식이섬유, 비타민, 무기질의 좋은 급원이다.
또한 칼로리가 낮고 섬유소와 수분이 풍부해 다이어트 식품으로도 좋으며,
풍부한 식이섬유는 혈중 콜레스테롤 수치를 낮춰 동맥경화를 예방한다.

재료
팽이버섯 500g

양념장
고추장 1.5컵
물엿 1컵
간장 3큰술
생강즙 3큰술
청주 1/2컵

1 팽이버섯은 밑둥을 자르고 재빨리 씻어 물기를 제거한다.

2 채반에 널어 그늘에 두거나 식품건조기(온도 38~40℃)에
넣어 꾸덕꾸덕해질 때까지 말린다.

3 고추장을 제외한 양념장 재료를 3~4분 끓인 후
불을 끈다. 고추장을 넣고 잘 섞어 다시 1분 정도 끓인다.

4 식힌 양념장을 말린 팽이버섯과 버무리고 용기에 담는다.
양념장을 조금 남겨 위에 덮은 다음, 냉장 보관하며 숙성시킨다.

바로 먹을 수 있지만 3개월 이상 숙성시키면 맛이 더 좋다.

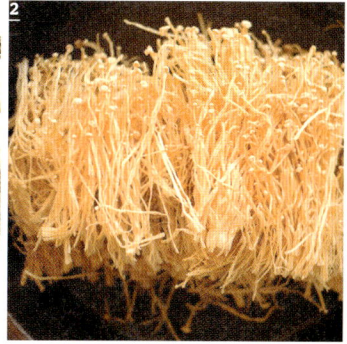

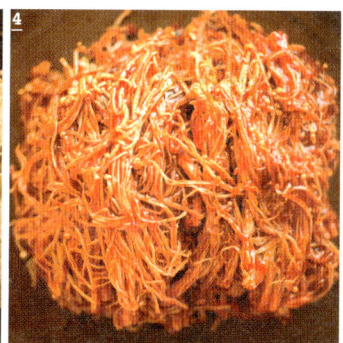

고추장
장아찌

홑잎나물 고추장 장아찌

홑잎나물은 화살나무 순의 다른 이름이다.
새순은 주로 나물로 먹고, 줄기에 붙은 코르크질의 날개와 뿌리껍질은 약재로 쓴다.
성질은 차고 맛이 쓴 홑잎나물은 혈액 순환을 원활하게 하고 산후 어혈을 없애며 생리를 잘 통하게 한다.
혈당을 낮추고 인슐린 분비를 도와 당뇨병에 도움을 준다.

재료
홑잎나물 500g

데치기
물 2L
소금 2큰술

맛국물
물 3컵
마늘 50g
생강 10g
마른 고추 3개
건표고버섯 2개

양념장
맛국물 1컵
고추장 1.5컵
청주 1/2컵
물엿 1컵
생강즙 2큰술
설탕 2큰술

1 홑잎나물 새순을 준비해 깨끗이 씻는다. 끓는 소금물에
홑잎나물을 넣어 살짝 데친 다음 찬물에 헹구고 물기를 짠다.

2 채반에 널어 그늘에서 꾸덕꾸덕해질 때까지 말린다.

3 맛국물 재료를 중불에서 끓여 맛국물 1컵을 만든다.
맛국물에 고추장을 제외한 양념장 재료를 모두 넣고
중불에서 5분 정도 끓인 후 불을 끈다.
고추장을 넣고 잘 섞어 다시 1분 정도 끓인다.

4 식힌 양념장을 말린 홑잎나물과 버무리고 용기에 담는다.
이때 양념장을 조금 남겨 위에 덮은 다음, 냉장 보관하며
숙성시킨다.

황태 고추장 장아찌

명태는 만드는 방법에 따라 자연 그대로인 생태, 얼린 동태, 60일 정도 말린 북어,
한겨울 차가운 바람에 얼고 녹기를 20번 반복한 황태, 어린 명태인 노가리 등으로 불린다.
이 중 북어와 황태는 숙취 해소 능력이 탁월해 해장국으로 탁월하다.
명태는 말리면 단백질 양이 배로 늘어나 전체의 56% 정도로 고단백 식품이 된다.
콜레스테롤이 거의 없고 간을 보호하는 메티오닌 등 필수아미노산이 풍부하다.

재료
황태 포 300g
꿀 2큰술

절임액
청주 2큰술
국간장 2큰술
고운 고춧가루 2큰술

양념장
맛술 1/2컵
다진 마늘 3큰술
생강즙 2큰술
조청 1컵
설탕 3큰술
고추장 2컵

1 말려서 판매하는 황태 포를 찬물에 재빨리 씻고 3~4cm 길이로
자른다. 절임액에 황태를 버무려 하루 정도 냉장고에 둔다.

찬물에 재빨리 씻기만 하고 물에 불리지 않는다.

2 고추장을 제외한 양념장 재료를 3~4분 끓인 후 불을 끈다.
고추장을 넣고 잘 섞어 다시 1~2분 끓인다.

3 식힌 양념장을 황태와 버무리고 용기에 담은 후
위에 꿀을 골고루 뿌린 후 냉장 보관하며 숙성시킨다.

그냥 먹거나 양념해서 먹는다.

《동의보감》에도 '황태는 몸속에 찌든 독을 해독하며 과음으로 인해 피로한 간을
해독하는 것은 물론 원기 회복, 혈압 조절에 큰 효과가 있다'고 적혀 있다.
명태의 해독 효과는 술뿐만 아니라 채소에 남아 있는 농약, 매연에 찌든 공기 등
독성 물질에도 탁월하게 작용한다.

혼밥족도
장아찌 밥상으로
건강한 한 끼를

요즘 사람들의 최대 관심 대상 중 하나가 '음식'이다. TV를 켜면 각양각색의 맛집이 만들어낸 화려한 음식이 쏟아진다. 맛집 추천, 경쟁하듯 푸드파이터처럼 먹어대는 '먹방', 요리하는 '쿡방', 먹는 음식을 사진으로 남기는 먹스타그램(먹는 것+인스타그램) 등 먹거리를 과시하는 시대다. 조건반사적으로 군침이 도는 건 어쩔 도리 없지만 아무리 바쁘더라도 매일매일 외식으로 끼니를 해결할 수는 없는 노릇이다.

한국음식연구가로서 건강한 식재료와 레시피로 만든 음식을 잘 먹는 것이 아닌, 단지 더 자극적인 음식을 많이 먹는 것에만 사회적 관심이 집중된 것은 아닌지 우려된다. 다행히 점차 식품 안전성과 기능성에 대한 관심이 높아지면서 건강한 식재료를 찾는 사람들이 늘고 한식의 가치가 재조명되고 있어 참 반가운 일이다.

과거에는 생존을 위해 한 끼 식사를 했다면, 요즘은 미식(美食)을 추구하는 것이 새로운 트렌드가 되었다. 또 한 끼 식사라도 건강하게 따져 먹는 소비 트렌드가 확산되면서 웰빙식을 선호하는 분위기다.

1인 가구 등 혼밥족 비중이 늘어나면서 가정간편식 소비가 늘어나고 있다. 그나마 다행스러운 것은 간편함을 넘어서 영양까지 고루 갖춘 가정간편식을 찾는 분위기가 확산되고 있다는 점이다.

편의점에서 만나는 간편식 도시락은 나트륨 함량이 지나치게 높다는 일각의 비판도 있지만 점점 더 맛있고 다양해지고 가격 만족도까지 완벽하다. 아쉬운 건 온기다. 혀끝을 자극하는 맛은 만족시킬 수 있지만, 온기가 없으면 마음까지 완벽하게 만족하기 어렵다. 음식은 혀로만 만나는 게 아니다. 그래서 분명 간편 도시락도 영양 성분을 골고루 갖춘 한 끼임에도 불구하고 우리네 어머니들이 가족에게 따뜻한 새 밥을 지어주고 싶어 하는, 그런 사랑의 온기를 느끼기에는 한계가 있다.

건강을 중시하는 1인 가구와 혼밥족들 사이에서도 패스트푸드 등 간편식이나 사 먹는 밥보다는 상대적으로 집밥을 먹는 비율이 높아지고 있다. 간편식 하면 아무래도 건강을 덜 신경 쓰거나 영양 균형이 맞지 않을 것이라는 생각 때문이다. 나는 이런 1인 가구나 혼밥족들에게 간편식만으로 대충 때우지 말고 한두 가지 정도의 장아찌를 활용하여 건강한 한 끼를 챙기라고 권유하고 싶다.

요즘은 아침 식사는 고사하고 제대로 된 집밥 한 끼를 챙겨 먹는 게 특별한 일이 되었다. 보고서 쓰느라 대충 때워버린 점심 한 끼와 외식과 배달 음식의 일상이 이어지다 보니 '집밥 먹은 적이 언제더라'라는 자조 섞인 한숨을 내쉰다. 집밥을 향한 그리움을 토로하는 사람들이 점점 늘어난다.

현실적으로 바쁜 일정에 쫓기는 사람들이 여러 가지 반찬이나 국, 탕, 찌개 등을 제대로 갖추거나 손이 많이 가는 요리로 차려낸 집밥을 먹기가 쉽지 않다. 집밥의 장점은 살리되 반찬을 많이 차리는 부담 없이 복잡한 요리의 수고를 덜어줄 수 있는 방법으로 장아찌 밥상은 어떨까? 냉장고에서 잘 숙성된 장아찌와 함께 간편한 재료로 쓱쓱 비벼 먹는 비빔밥도 좋고, 입맛 없을 때 장아찌 양념장과 함께 먹는 비빔국수도 좋다. 다이어트를 한다면 채소에 열량이 높은 드레싱 대신 장아찌를 조금 넣어 먹는 것도 좋은 방법이다. 바쁜 생활에 지치고 힘든 현대인들이 마트나 편의점에 마련된 음식으로 한 끼를 해결해야 할 때, 맛있는 장아찌 한 점만 곁들여도 '따뜻한 집밥'이 될 수 있지 않을까?

어떤 음식과 어울려도 조화를 잘 이루고,

매운맛이나 지나치게 강한 맛도 부드럽게 해주는 된장으로 만든 장아찌.

모든 맛을 품는 된장으로 담근 장아찌는 오랜 기다림이 빚어낸 깊은 맛이 난다.

아미노산이 풍부한 된장의 맛과 영양을

그대로 담은 된장 장아찌의 구수한 맛이 입맛까지 살려준다.

PART 3

깊은 맛을 느끼게 하는

된장
장아찌

향과 아삭한 식감이 일품

가지 된장 장아찌

가지는 동서양을 막론하고 다양한 음식에 활용되는 식재료이다.
가지로 만든 가지 된장 장아찌는
가지 고추장 장아찌와는 또다른 맛과 풍미로 오감을 자극한다.

재료

가지 1kg

맛국물

멸치 10g

다시마 10×10cm 한 장

양파 50g(중 1/4개)

건고추 2개

마늘 20g

생강 5g

물 3컵

양념장

맛국물 1컵

다진 마늘 1/2컵

생강즙 3큰술

물엿 1컵

청주 1/2컵

된장 2컵

1   가지는 가늘고 작은 것으로 골라 3~4cm 길이로 자른 다음
나무젓가락 굵기로 썬다.

2   기름을 두르지 않은 팬에 가지를 구운 다음 채반에 널어
물기를 제거한다.

3   맛국물 재료를 중불에서 끓여 맛국물 1컵을 만든다.
맛국물에 된장을 제외한 양념장 재료를 모두 넣고
중불에서 4~5분 끓인 다음 불을 끈다.
된장을 넣고 잘 섞어 다시 1~2분 끓인다.

4   식힌 양념장을 가지와 버무리고 용기에 담는다.
양념장을 조금 남겨 위에 덮은 다음, 냉장 보관하며 숙성시킨다.

참기름, 깨소금으로 양념해서 먹는다.

·옛 문헌 속 장아찌·

모점이법

《수운잡방》

生茄子四圻煎於眞油, 將醋及蒜汁沈用, 經過數年至味如新。
又生茄子如前四圻煎於眞油艮醬中, 合於醋及蒜汁用之亦可。

날가지를 네 조각으로 쪼개어 참기름에 구워 초와 마늘즙에 담가 먹으면
수년이 경과해도 맛이 변하지 않는다. 또 다른 방법으로는 앞에서와 같이
네 조각으로 쪼개어 간장과 참기름에 구워 초와 마늘즙에 버무려 먹어도 된다.

▶《수운잡방》은 조선 초기 1540년경 김유가 저술한 요리책인데, 이 책에 나온 가지 요리가 모점이
법이다.

된장
장아찌

갯기름나물(식방풍) 된장 장아찌

식방풍으로 불리는 갯기름나물은 쌉싸름하면서도 달콤하고
특유의 향이 있어 입맛 돋우는 데 제격인 식재료이다.
중금속 해독과 황사, 미세먼지를 씻어준다고 알려져 근래에 더욱 건강 채소로 각광받는다.

재료
갯기름나물(식방풍 잎) 1kg

데치기
물 2L
소금 2큰술

맛국물
다시마 10×10cm 한 장
양파 50g(중 1/4개)
마늘 30g
건고추 2개
건표고버섯 2개
물 4컵

양념장
맛국물 2컵
고운 고춧가루 2큰술
다진 마늘 1컵
생강즙 3큰술
물엿 1.5컵
청주 1/2컵
된장 1.5컵

1   갯기름나물을 준비해 굵은 줄기는 버리고 깨끗하게 씻는다.
    끓는 소금물에 갯기름나물을 3~4번 나누어 넣어 데친 다음
    찬물에 헹구고 물기를 짠다.

2   채반에 널어 바람이 잘 통하는 곳에서 꾸덕꾸덕해질 때까지
    말린다.

3   맛국물 재료를 중불에서 끓여 맛국물 2컵을 만든다.
    맛국물에 된장을 제외한 양념장 재료를 모두 넣고
    중불에서 5~6분 끓인 후 불을 끈다.
    된장을 넣고 잘 섞어 다시 1~2분 끓인다.

4   식힌 양념장을 말린 갯기름나물과 버무리고 용기에 담는다.
    양념장을 조금 남겨 위에 덮은 다음, 냉장 보관하며 숙성시킨다.

==그냥 먹거나 깨소금, 참기름으로 양념해서 먹는다.== 🖉

고추(매운 풋고추) 된장 장아찌

매운맛을 내는 대표적 요리 재료인 고추는 생으로도 잘 먹지만
장아찌 재료로도 잘 어울려 간장, 된장, 고추장 장아찌로 많이 만들어 먹는다.
고추를 고를 때는 모양과 크기가 고르면서 꼭지 부분이 싱싱한 것을 선택한다.

재료
매운 풋고추(청양고추) 500g

절임액
간장 2컵

양념장
된장 2.5컵
조청 1컵
다진 마늘 3큰술
생강즙 3큰술
청주 1/2컵

1 매운 풋고추는 깨끗이 씻고 꼭지를 1cm 정도 남기고 자른다.
꼭지 바로 위의 통통한 부분을 포크로 2번 찌른다.
절임액에 고추를 버무려 3~4시간 절인다.

2 체에 밭친 다음, 채반에 널어 수분을 살짝 제거한다.

3 된장을 제외한 양념장 재료를 중불에서 3분 정도 끓인 후
불을 끈다. 된장을 넣고 잘 섞어 다시 1~2분 끓인다.

4 식힌 양념장을 고추와 버무리고 용기에 담아 냉장 보관하며
숙성시킨다.

무 간장 장아찌의 간장을 고추 된장 장아찌의 절임액으로 사용하고,
다시 이 간장을 무 간장 장아찌에 넣으면 무의 맛이 더욱 좋다.

비타민 풍부해 몸에 활력을 주는

고춧잎 된장 장아찌

고춧잎은 풋고추보다 비타민 A와 C가 풍부해 몸을 활력 있게 만드는 데 도움을 준다.
연한 고춧잎은 깨끗이 씻은 후 끓는 소금물에 데쳐 나물로 먹고,
단단해진 고춧잎은 데쳐서 찬물에 담가 우린 후 꼭 짜서 꾸덕꾸덕하게 말려 장아찌를 담근다.
고춧잎 장아찌는 부드러우면서도 쫄깃하고 뒷맛이 매콤해서 입맛을 살려준다.

재료
고춧잎 500g

데치기
물 2L
소금 2큰술

맛국물
멸치 10g
양파 100g(중 1/2개)
생강 5g
다시마 10×10cm 한 장
마늘 10g
건고추 1개
통후추 1작은술
건표고버섯 1장
물 3컵

양념장
맛국물 1컵
다진 마늘 3큰술
생강즙 2큰술
청주 3큰술
된장 1컵
물엿 1컵

표고버섯 가루를 1큰술 넣으면
더 깊은 맛을 낸다.

1 고춧잎은 줄기를 떼어 버리고 잎사귀만 깨끗이 씻는다.
끓는 소금물에 고춧잎을 2~3번 나누어 넣어 데친 다음
찬물에 헹구고 물기를 짠다.

2 채반에 널어 바람이 잘 통하는 곳에 두거나 식품건조기
(온도 38~40℃)에 넣어 꾸덕꾸덕해질 때까지 말린다.

3 맛국물 재료를 중불에서 끓여 맛국물 1컵을 만든다.
맛국물에 된장을 제외한 양념장 재료를 모두 넣고
중불에서 5분 정도 끓인 후 불을 끈다.
된장을 넣고 잘 섞어 다시 1~2분 끓인다.

4 식힌 양념장을 말린 고춧잎과 버무리고 용기에 담아
냉장 보관하며 숙성시킨다.

맵고 쓰며 천식에 약으로 쓰는

곰보배추 된장 장아찌

잎은 올록볼록하고 뿌리는 배추와 비슷한 '곰보배추'는 어린순을 나물로 먹는다.
맛은 맵고 쓰며, 기침, 감기, 오래된 해수(기침), 천식에 약으로도 이용한다.
꽃 모양이 입을 벌린 뱀처럼 보여서 '배암차즈기'라는 이름도 가지고 있다.

재료
곰보배추 500g

데치기
물 2L
소금 2큰술

양념장
청주 1/2컵
생강즙 2큰술
조청 1/2컵
된장 1.5컵
설탕 2큰술

1 곰보배추는 잘 손질해 깨끗이 씻는다. 끓는 소금물에 곰보배추를
1~2번 나누어 넣어 살짝 데친 다음 찬물에 헹군다.
찬물을 갈아가면서 4~5시간 담가 쓴맛을 제거한다.

2 물기를 꼭 짜고 채반에 널어 바람이 잘 통하는 곳에 두거나
식품건조기(온도 38~40℃)에 넣어 꾸덕꾸덕해질 때까지 말린다.

3 된장을 제외한 양념장 재료를 중불에서 3분 정도 끓인 다음
불을 끈다. 된장을 넣고 잘 섞어 다시 1~2분 끓인다.

4 식힌 양념장을 말린 곰보배추에 버무리고 용기에 담아
냉장 보관하며 숙성시킨다.

쌉싸름한 맛과 은은한 향이 좋은

곰취 된장 장아찌

곰취는 향이 좋고 독이 없어 식재료로 많이 이용하는 나물이다.
어린잎은 쌈이나 양념에 재워 장아찌로 먹고, 데쳐서 나물과 묵나물로 이용하며, 전이며 된장국 등에 다양하게 활용한다.
곰취는 폐를 튼튼히 하고 가래를 삭이는 효과가 있으며, 항염증 및 지혈에 효과적인 성분이 있다고 알려져 있다.

재료
곰취 500g

맛국물
멸치 10g
다시마 10×10cm 한 장
양파 100g(중 1/2개)
건고추 2개
건표고버섯 1개
마늘 10g
물 3컵

양념장
맛국물 1컵
물엿 1컵
다진 마늘 3큰술
생강즙 2큰술
된장 1.5컵
청주 1/2컵

1 곰취 잎을 흐르는 물에 한 장씩 깨끗이 씻어서 채반에 놓는다.

2 김이 오른 찜기에 곰취 잎을 넣고 3분 정도 찐 다음
찬물에 헹구고 물기를 꼭 짠다.

3 맛국물 재료를 중불에서 끓여 맛국물 1컵을 만든다.
맛국물에 된장을 제외한 양념장 재료를 모두 넣고 4~5분 끓인 후
불을 끈다. 된장을 넣고 잘 섞어 다시 1~2분 끓인다.

4 식힌 양념장을 곰취 잎 사이사이에 바르고 용기에 담아
냉장 보관하며 숙성시킨다.

깻잎, 곰취 잎, 칡 순, 콩잎 등으로 장아찌를 담글 때 살짝 쪄서
된장 양념장을 바르면 바로 먹을 수 있고 질기지도 않다.

1

2

4

된장
장아찌

깻잎 된장 장아찌

깻잎에는 비타민, 칼슘, 철분이 많으며, 항산화 작용 및 세포의 돌연변이 억제 작용으로 항암 효과를 낸다.
향기 성분인 페릴알데히드와 리모넨 등은 생선과 육류의 비릿한 냄새와 느끼한 맛을 없애주는 역할을 한다.
독특한 향미와 암 예방 기능을 가진 들깨와 들깻잎은 암 예방 식품이다.

재료
깻잎 500g

맛국물
멸치 10g
다시마 10×10cm 한 장
양파 100g(중 1/2개)
건고추 2개
건표고버섯 1개
생강 5g
물 3컵

양념장
맛국물 1컵
물엿 1컵
설탕 3큰술
다진 마늘 3큰술
생강즙 3큰술
된장 1.5컵
청주 1/2컵

1 깻잎을 흐르는 물에 한 장씩 깨끗이 씻고,
꼭지는 1cm만 남기고 다듬어 물기를 제거한다.

2 김이 오른 찜기에 깻잎을 넣고 2~3분 정도 찐 다음
찬물에 헹구고 물기를 꼭 짠다.

3 맛국물 재료를 중불에서 끓여 맛국물 1컵을 만든다.
맛국물에 된장을 제외한 양념장 재료를 모두 넣고
4~5분 끓인 후 불을 끈다.
된장을 넣고 잘 섞어 다시 1~2분 끓인다.

4 식힌 양념장을 깻잎 사이사이에 바르고 용기에 담아
냉장 보관하며 숙성시킨다.

깻잎 된장 장아찌는 바로 먹을 수 있다.
보관은 김치냉장고에 하는 것이 좋다.

간 의 해독 작용을 돕는

냉이 된장 장아찌

이른 봄에 수확하여 다양한 요리에 활용되는 냉이를 장아찌로 만들어 놓으면
사시사철 냉이 특유의 쌉쌀한 맛과 향을 즐길 수 있다.
냉이는 꽃이 피기 시작하면 질겨지므로, 장아찌는 이른 봄에 담그는 것이 좋다.

재료
냉이 1kg

데치기
물 2L
소금 2큰술

맛국물
멸치 20g
다시마 5g
양파 100g(중 1/2개)
건고추 2개
건표고버섯 1개
물 4컵

양념장
맛국물 2컵
물엿 1.5컵
다진 마늘 3큰술
생강즙 3큰술
된장 2컵
청주 1/2컵
건표고버섯 가루 2큰술

1   냉이는 잔뿌리에 이물질이 많이 붙어 있으므로 잘 손질해
    깨끗이 씻는다. 끓는 소금물에 냉이를 살짝 데친 다음
    찬물에 헹구고 물기를 짠다.

2   채반에 널어 바람이 잘 통하는 곳에 두거나 식품건조기
    (온도 38~40℃)에 넣어 꾸덕꾸덕해질 때까지 말린다.

3   맛국물 재료를 중불에서 끓여 맛국물 2컵을 만든다.
    맛국물에 된장을 제외한 양념장 재료를 모두 넣고
    중불에서 6~7분 끓인 후 불을 끈다.
    된장을 넣고 잘 섞어 다시 1분 정도 끓인다.

4   식힌 양념장을 말린 냉이와 버무리고 용기에 담아
    냉장 보관하며 숙성시킨다.

    오래 보관할 경우에는 양념장을 남겨 위에 덮어준다.
    그냥 먹거나 깨소금, 참기름으로 양념해서 먹는다.

아삭한 식감으로 여름철 입맛 돋우는

청노각 된장 장아찌

청노각은 일반 다다기 오이에 비해 비타민 C와 칼륨 함량이 높아
체내 노폐물 배출을 돕고 미용에도 좋은 것으로 알려져 있다.
또 특유의 아삭한 식감과 함께 시원한 액즙이 많아
여름철 더위를 식히고 입맛을 돋우는 데 제격이다.

재료
청노각 2kg

절임
설탕 100g
굵은소금 100g
물엿 1컵

양념장
된장 2컵
조청 1/2컵
생강즙 2큰술
다진 마늘 3큰술
고추씨 가루 3큰술

1 청노각은 깨끗이 씻어 반으로 가르고 속의 씨를 깨끗이 긁어낸다.
절임용 설탕과 소금을 섞어서 청노각의 씨가 있던 부분에 채우고
무거운 것으로 누른다.

청노각은 씨를 제거한 무게를 계량한다. ✎

2 청노각에 물기가 생기면 물엿 1컵을 넣어 버무린 후
무거운 것으로 눌러 2~3일 둔다.

3 청노각만 건져 채반에 널어 그늘에 두거나 식품건조기
(온도 38~40℃)에 넣어 꾸덕꾸덕해질 때까지 말린다.

4 된장과 고추씨 가루를 제외한 양념장 재료를 모두 넣고
3~4분 끓인 후 불을 끈다.
된장과 고추씨 가루를 넣고 잘 섞은 후 1~2분 끓인다.

5 식힌 양념장을 말린 청노각과 버무리고 용기에 담아
냉장 보관하며 숙성시킨다.

씻고 썰어서 그냥 먹거나 참기름, 깨소금, 설탕으로 양념해서 먹는다. ✎

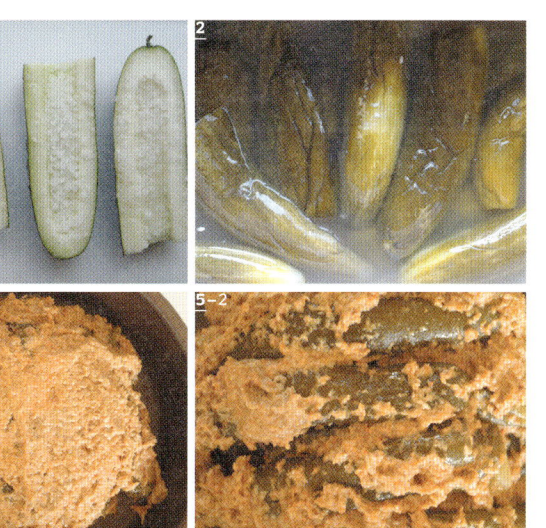

된장
장아찌

새콤달콤 맛있는

노각 술지게미 장아찌

곡식으로 술을 빚은 후에 술을 거르고 남은 찌꺼기를 술지게미라 하는데,
이를 이용해 장아찌를 만든다.
이때 술지게미는 1년 이상 발효가 진행되서
알코올성분이 소멸된 것을 사용해야 새콤달콤한 맛이 난다.

재료
노각 2kg

절임
설탕 100g
소금 100g
물엿 1컵

양념장
다진 마늘 3큰술
생강즙 2큰술
조청 1/2컵
술지게미 500g
고추씨 가루 1/2컵

1 노각은 깨끗이 씻어 반으로 가르고 속의 씨를 깨끗이 긁어낸다.
절임용 설탕과 소금을 섞어서 노각의 씨가 있던 부분에 채우고
무거운 것으로 누른다.

2 노각에 물기가 생기면 물엿 1컵을 넣어 버무린 후
무거운 것으로 눌러 2~3일 정도 둔다.

3 노각만 건져 채반에 넣어 그늘에 두거나 식품건조기
(온도 38~40℃)에 넣어 꾸덕꾸덕해질 때까지 말린다.

4 술지게미와 고추씨 가루를 제외한 양념장 재료를 모두 넣고
3~4분 끓인 후 불을 끈다.
술지게미와 고추씨 가루를 넣고 잘 섞는다.

술지게미가 들어가므로 끓이지 않는다.

5 식힌 양념장을 말린 노각과 버무리고 용기에 담아
냉장 보관하며 숙성시킨다.

씻고 썰어서 그냥 먹거나 참기름, 깨소금, 설탕으로 양념해서 먹는다. ✎

된장
장아찌

매운맛이 강하고 독특한 향미가 있는

달래(은달래) 된장 장아찌

봄의 소식을 먼저 알려주는 달래는 옛날부터 강장 식품으로 알려진 파와 같은 독특한 향미 성분을 지녔다.
오래 보관하면 독특한 향이 약해지고 질겨지므로 주의해야 한다.
알뿌리만 있는 은달래는 달래에 비해 매운맛이 강하고 쉽게 무르지 않아
오래 보관할 수 있어 장아찌로 활용하면 좋다.

재료
은달래 300g

절임액
물엿 1/2컵
국간장 1큰술

양념장
청주 1/2컵
생강즙 2큰술
조청 1/2컵
된장 1.5컵
설탕 2큰술

1   은달래는 머리 부분을 깨끗이 손질해 씻는다.
    절임액에 달래를 버무려 2~3시간 절인다.
    이때 절인 물은 버리지 않는다.

2   체에 밭친 다음, 채반에 넣어 살짝 말린다.

3   달래 절인 물에 된장을 제외한 양념장 재료를 모두 넣고
    5~6분 정도 끓인 후 불을 끈다.
    된장을 넣어 잘 섞고 다시 1~2분 끓인다.

4   식힌 양념장을 달래와 버무려 용기에 담는다.
    양념장을 조금 남겨 위에 덮은 다음, 냉장 보관하며 숙성시킨다.

    참기름을 넣지 않고 양념해서 먹는 것이 깔끔한 맛을 느낄 수 있다.

1-1

1-2

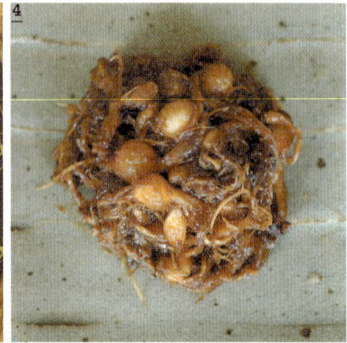
4

열 반찬 부럽지 않은 감칠맛 나는

동부콩잎 된장 장아찌

푸른 콩잎은 서울에서는 쉽게 구하기가 어렵고 주로 경상도 지방에서만 먹는 식재료다.
마침 대구에서 직장 생활을 하는 사돈처녀가 장아찌용으로 동부콩잎을 사 왔다.
동부콩잎은 주로 데치거나 쪄서 쌈으로 먹고, 생잎을 갈아 떡·빵·국수 등을 만들어도 좋다.

재료
동부콩잎 500g

맛국물
건표고버섯 2개
다시마 10×10cm 한 장
양파 200g(중 1개)
건고추 2개
마늘 10g
생강 5g
물 3컵

양념장
맛국물 1컵
찹쌀가루 2큰술
다진 마늘 3큰술
생강즙 2큰술
물엿 1컵
청주 1/2컵
된장 1.5컵

1 푸른 동부콩잎을 준비해 깨끗이 씻고 체에 밭쳐 물기를 뺀다.

2 김이 오른 찜기에 넣고 3분 정도 찐 다음 찬물에 헹구고
물기를 짠다.

3 맛국물 재료를 중불에서 끓여 맛국물 1컵을 만든다.
맛국물에 찹쌀가루를 넣어 풀을 쑨다.

4 된장을 제외한 양념장 재료를 모두 넣고 3분 정도 졸이듯이
끓인 후 불을 끈다. 된장을 넣고 잘 섞어 다시 1~2분 끓인다.

5 식힌 양념장을 동부콩잎 사이사이에 바르고 용기에 넣는다.
바로 먹어도 좋고, 냉장 보관하며 숙성시킨다.

된장
장아찌

아삭아삭하게 씹히는 맛이 일품인

머위 줄기 된장 장아찌

쌉싸름하고 아삭한 머위 줄기는 데쳐서 각종 조림이나 찜에 넣거나 무침 등으로 이용한다.
머위 줄기는 비타민 A와 베타카로틴 함량이 높아 항산화 작용이 뛰어나며,
풍부한 칼륨은 나트륨을 체외로 배출하므로 고혈압 예방에도 좋다.

재료
머위 줄기 1kg

데치기
물 2L
소금 2큰술

양념장
맛술 1/2컵
다진 마늘 3큰술
생강즙 2큰술
조청 1컵
설탕 3큰술
고추씨 가루 2큰술
된장 1.5컵

1 끓는 소금물에 머위 줄기를 데친 다음 찬물에 헹군다.

2 머위 줄기의 껍질을 벗기고 채반에 널어 꾸덕꾸덕해질 때까지
말린다.

머위 줄기의 껍질을 벗기면 손톱 밑이 까맣게 된다. 이때 찬물에 담근 채
껍질을 벗기면 손톱 밑이 까매지지 않고 껍질도 잘 벗겨진다.

3 된장을 제외한 양념장 재료를 중불에서 3분 정도 끓인 후
불을 끈다. 된장을 넣고 잘 섞어 다시 1~2분 끓인다.

4 식힌 양념장을 말린 머위 줄기와 버무리고 용기에 담는다.
양념장을 조금 남겨 위에 덮은 다음, 냉장 보관하며 숙성시킨다.

참기름, 깨소금 등으로 양념하여 먹기도 한다.

2-1

2-2

4

머위 잎 된장 장아찌

머위는 예부터 해독 작용이 강하고 중풍에도 효능이 있는 것으로 알려져 있다.
머위는 건위, 진해, 해독, 해열 효과가 있으며, 고혈압과 당뇨에 특히 좋다.
각종 비타민과 무기질이 풍부하고 단백질, 탄수화물, 식이섬유 등이 많이 들어 있다.
봄에 나오는 잎은 입맛을 돋우기 때문에 쌈으로 먹거나 장아찌로 이용한다.

재료
머위 잎 500g

맛국물
멸치 10g
다시마 10×10cm 한 장
건고추 2개
표고버섯 1개
마늘 15g
생강 5g
물 3컵

양념장
맛국물 1컵
물엿 1컵
설탕 3큰술
다진 마늘 3큰술
생강즙 3큰술
된장 1.5컵
청주 1/2컵

1 머위 잎은 연한 것으로 준비해 깨끗이 씻고 물기를 뺀다.

2 김이 오른 찜기에 머위 잎을 넣고 3분 정도 찐 다음 찬물에 헹군다.
쓴맛이 강하면 찬물에 잠시 담갔다가 꼭 짜서 물기를 없앤다.

머위에는 폴리페놀 화합물이 들어 있어 쓴맛이 강하므로,
쓴맛을 싫어한다면 찬물에 담가서 쓴맛을 제거한 후 사용하는 것이 좋다.

3 맛국물 재료를 중불에서 끓여 맛국물 1컵을 만든다.
맛국물에 된장을 제외한 양념장 재료를 모두 넣고
3~4분 끓인 후 불을 끈다.
된장을 넣고 잘 섞어 다시 1분 정도 끓인다.

4 식힌 양념장을 머위 잎 사이사이에 바른 다음 용기에 담아
냉장 보관하며 숙성시킨다.

냉이처럼 향긋한 해조류

모자반 된장 장아찌

모자반류는 갈색 해조류로 우리나라에 30여 종이 자생한다.
향은 냉이처럼 향긋하고 봄 새싹처럼 부드러워, 예로부터 제주도, 완도 등지에서 국, 나물 등으로 즐겨 먹었다.
특히 모자반류는 칼로리가 낮아서 다이어트에도 좋고, 칼슘이 풍부해
골다공증 예방과 당뇨병 치료 등에도 효과가 있다.

재료
말린 모자반 300g

맛국물
멸치 10g
양파 50g(중 1/4개)
마늘 20g
생강 5g
통후추 1/2큰술
건고추 1개
다시마 10×10cm 한 장
물 3컵

양념장
맛국물 1컵
다진 마늘 3큰술
생강즙 3큰술
청주 1/2컵
조청 1.5컵
된장 1.5컵

1 말린 모자반을 밀대로 한 번 밀어 이물질을 제거한 후
　물에 깨끗하게 헹군다.

2 끓는 물에 살짝 데친 후 찬물에 헹구고 물기를 꼭 짠다.
　채반에 널어 잠시 말린다.

3 맛국물 재료를 중불에서 끓여 맛국물 1컵을 만든다.
　맛국물에 된장을 제외한 양념장 재료를 모두 넣고
　중불에서 5분 정도 끓인 후 불을 끈다.
　된장을 넣고 잘 섞어서 다시 1~2분 끓인다.

4 식힌 양념장을 모자반에 부어 고루 버무리고 용기에 담는다.
　양념장을 조금 남겨 위에 덮은 다음, 냉장 보관하며 숙성시킨다.

식이섬유 많아 뒷맛이 진하고 깊은

무청 된장 장아찌

무청은 김치를 담그거나 시래기로 말려서, 채소가 귀했던 겨울철에 단백질, 비타민, 미네랄, 식이섬유 공급원으로 이용했다.
섬유질이 많은 식품이어서 변비 해소와 숙변 제거에 효과적이고 말리면 비타민 D가 풍부해진다.
식이섬유가 많아 콜레스테롤을 낮춰주고 다이어트에 효과적이다.
철분도 다량 들어 있어 빈혈 예방에 좋으며, 비타민 A, B₁, B₂, C, 칼슘 등이 풍부하다.
또한 각종 미네랄 성분이 풍부해 뼈를 튼튼하게 하고 골다공증을 예방한다.

재료
무청 시래기 1kg

맛국물
다시마 10×10cm 한 장
양파 100g(중 1/2개)
건고추 2개
마늘 30g
생강 10g
건표고버섯 2개
통후추 1작은술
물 3컵

양념장
맛국물 1컵
물엿 1컵
다진 마늘 3큰술
생강즙 3큰술
청주 1/2컵
고운 고춧가루 2큰술
된장 1.5컵

1 삶은 무청 시래기를 준비해 끓는 물에 살짝 데친 후 찬물에 헹구고 껍질을 벗긴다.

2 채반에 넣어 바람이 잘 통하는 곳에 두거나 식품건조기 (온도 38~40℃)에 넣어 꾸덕꾸덕해질 때까지 말린다.

3 맛국물 재료를 중불에서 끓여 맛국물 1컵을 만든다.
맛국물에 된장을 제외한 양념장 재료를 모두 넣고
중불에서 4~5분 끓인 후 불을 끈다.
된장을 넣고 잘 섞어서 다시 1~2분 끓인다.

4 식힌 양념장을 무청과 버무리고 용기에 담는다.
양념장을 조금 남겨 위에 덮은 다음, 냉장 보관하며 숙성시킨다.

말린 시래기는 시래기가 잠길 정도의 충분한 물을 부어 설탕을 조금 넣고
4~5시간 불렸다가 그대로 냄비 뚜껑을 조금 열고 20분 정도 삶아 불을 끄고
식을 때까지 기다려서 찬물에 여러 번 헹궈 사용한다.

꼬들꼬들 씹는 맛 좋은 반찬

미역 줄기 된장 장아찌

미역 줄기는 식감이 쫄깃해 인기 많은 반찬 재료 중 하나다.
요오드가 많아 갑상선 호르몬의 발생을 촉진하므로 신체의 발육에 도움을 주며,
신진대사를 조절하는 작용이 있어 혈액 순환과 소화를 원활하게 한다.
섬유질은 당분의 흡수를 막는 역할을 해 체내 발암물질을 제거하는 효과가 있다.

재료
염장 미역 줄기 1kg

맛국물
멸치 20g
양파 200g(중 1개)
생강 1톨
다시마 10×10cm 한 장
마늘 30g
건고추 2개
통후추 1작은술
건표고버섯 2장
물 7컵

절임액
맛국물 2컵

양념장
맛국물 2컵
다진 마늘 3큰술
된장 1/2컵
식초 5큰술
통후추 1작은술
물엿 1.5컵
간장 1큰술

1 미역 줄기를 잘 씻는다.

2 맛국물 재료를 중불에서 끓여 맛국물 4컵을 만든다.
절임액에 미역 줄기를 담그고 냉장고에 하루 정도 두어
짠맛을 제거한다.

3 채반에 널어 꾸덕꾸덕해질 때까지 말린다.

4 맛국물 2컵에 양념장 재료를 모두 넣고 중불에서 7~8분 끓인다.

5 뜨거운 양념장을 미역 줄기에 부어 버무리고 용기에 담아
냉장 보관하며 숙성시킨다.

참기름, 깨소금 등으로 양념해서 먹기도 한다.

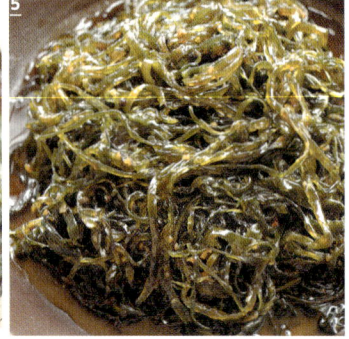

배추 잎 된장 장아찌

배추는 우리나라에서 가장 많이 먹는 채소 중 하나로 음식을 소화시키고 기를 내리며 장과 위를 잘 통하게 한다.
가슴 속의 열기를 내리며, 술 마신 후 생긴 갈증과 소갈증(당뇨병)을 멎게 한다.
배추는 칼륨이 풍부해 나트륨 배설을 촉진하고 혈압 조절에 도움이 된다.
쉽게 구할 수 있고 가격까지 저렴하니 늘 곁에 두고 먹어야 식재료 중 하나다.

재료
배추 잎 3kg

맛국물
멸치 10g
다시마 10×10cm 한 장
양파 100g(중 1/2개)
건고추 2개
마늘 20g
생강 5g
물 3컵

양념장
맛국물 1컵
다진 마늘 1/2컵
생강즙 3큰술
물엿 1컵
청주 1/2컵
된장 1.5컵

1 배추는 겉잎을 떼어내고 중간 잎만 다듬은 후 끓는 물에 데쳐
   찬물에 헹구고 물기를 짠다.

2 채반에 널어 바람이 잘 통하는 곳에 두거나 식품건조기
   (온도 38~40℃)에 넣어 꾸덕꾸덕해질 때까지 말린다.

3 맛국물 재료를 중불에서 끓여 맛국물 1컵을 만든다.
   맛국물에 된장을 제외한 양념장 재료를 모두 넣고
   5~6분 끓인 후 불을 끈다.
   된장을 넣고 잘 섞어 다시.1~2분 끓인다.

4 식힌 양념장을 말린 배추 잎에 버무리고 용기에 담는다.
   양념장을 조금 남겨 위에 덮은 다음, 냉장 보관하며 숙성시킨다.

   참기름, 깨소금으로 양념해서 먹는다.

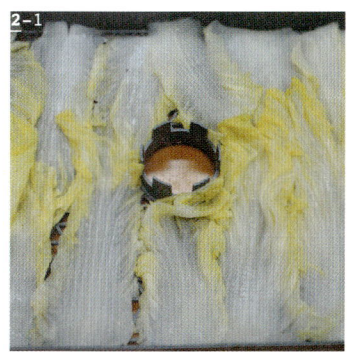
2-1

2-2

된장
장아찌

사 각 사 각 한   식 감 과   상 큼 한   맛 이   별 미

야콘 된장 장아찌

고구마와 비슷하게 생긴 야콘은 장아찌뿐 아니라
무치럼 생채로 먹거나 부침, 숙채, 튀김, 볶음 등 다양하게 활용할 수 있다.
껍질을 벗겨 과일처럼 생으로 먹어도 무난하다.
달콤한 맛 때문에 '땅속의 배'라고 불리는 야콘은
남미 안데스 산맥이 원산지로 따뜻한 기후에서 잘 자라는 식물이다.
야콘의 덩이줄기에 많이 함유되어 있는 이눌린 성분은
당뇨나 동맥경화 등 성인병 예방에 도움이 된다.

재료
야콘 1kg

1차 절임액
된장 1.5컵
물엿 1.5컵

2차 절임액
물엿 1컵

양념장
생강즙 3큰술
청주 1/2컵

1 야콘은 깨끗이 씻고 반으로 갈라 6cm 길이로 썬다.

2 된장과 물엿을 섞어 만든 1차 절임액에 야콘을 버무려 절인다.
야콘에서 물이 나오면 무거운 것으로 눌러 2일 정도 둔다.

3 체에 밭쳐 야콘을 분리하고, 1차 절인 물은 냉장고에 보관한다.
2차 절임액인 물엿 1컵을 야콘에 버무린 뒤 무거운 것으로
눌러 2일 정도 두면 물이 생기고 수분과 짠맛이 빠진다.

4 야콘을 건져서 물기를 꼭 짜고 채반에 넣어
바람이 잘 통하는 곳에 두거나 식품건조기(온도 38~40℃)에 넣어
꾸덕꾸덕해질 때까지 말린다.

5 1차 절인 물에 양념장 재료를 넣어 7~8분 이상 끓인다.

6 식은 양념장을 말린 야콘과 버무리고 용기에 담는다.
양념장을 조금 남겨 위에 덮은 다음, 냉장 보관하며 숙성시킨다.

==씻고 썰어서 그냥 먹거나 참기름, 깨소금, 설탕으로 양념해서 먹는다.==

남편도 나이가 들어서인지 평소 하지 않던 일을 가끔 한다.
한번은 귀농한 지인의 초대를 받아 다녀오는 길에 야콘을 들고 왔다.
남편은 야콘을 건네면서 무엇이라도 해보라며 숙제를 주었다.
귀하게 농사지은 것이라 정성껏 장아찌로 담갔는데
야콘의 아삭한 식감이 별미였다.

아삭하고 달달한 전분 맛이 나는

연근 된장 장아찌

연근에는 전분, 단백질, 아스파라긴, 비타민 C 등이 들어 있으며,
삶아서 익힌 연근은 위장을 튼튼하게 한다. 위궤양, 빈혈 등의 치료에 좋으며,
설사를 멎게 하는 효능이 있다. 연근은 식이섬유가 풍부해 다이어트에도 좋다.
날로 먹으면 아삭하고 달달하면서도 전분 맛이 난다.

재료
연근 1kg

맛국물
다시마 10×10cm 한 장
멸치 20g
건고추 2개
마늘 20g
생강 5g
건표고버섯 2개
물 3컵

양념장
맛국물 1컵
청주 1/2컵
물엿 1컵
설탕 1.5컵
마늘 3큰술
생강즙 3큰술
된장 1.5컵

1 연근을 준비해 껍질째 깨끗이 씻은 후 0.3~0.4cm 두께로 썬다.

2 기름을 두르지 않은 팬에 연근을 골고루 놓고 굽는다.
구운 연근을 넓은 그릇에 펼쳐 식힌다.

3 맛국물 재료를 중불에서 끓여 맛국물 1컵을 만든다.
여기에 된장을 제외한 양념장 재료를 모두 넣고
중불에서 5~6분 끓인 후 불을 끈다.
된장을 넣고 잘 섞어 다시 1~2분 끓인다.

4 식힌 양념장을 연근과 버무리고 용기에 담는다.
양념장을 조금 남겨 위에 덮은 다음, 냉장 보관하며 숙성시킨다.

2-1

2-2

4

나물 중 독특한 향과 맛이 으뜸인
참나물 된장 장아찌

자연산 참나물은 줄기가 미나리처럼 적자색을 띠는 것이 있는데 모양과 독특한 향 때문에 '삼미나리'라는 별명도 있다.
은은한 향이 미각을 돋우며, 독특한 향과 맛이 나물 중 으뜸이라는 뜻에서 '참나물'이라 한다.
쌈으로 먹거나 데쳐서 나물로 먹고, 뿌리는 약으로 쓴다.
혈액 순환을 돕고, 몸속의 독을 없애고 염증을 가라앉히며, 고혈압과 중풍을 예방한다.

재료
참나물 1kg

데치기
물 2L
소금 3큰술

양념장
물엿 1.5컵
된장 1.5컵
생강즙 3큰술
청주 1/2컵
다진 마늘 5큰술
고추씨 가루 2큰술

1 참나물을 깨끗이 씻는다. 끓는 소금물에 참나물을 3~4번 나누어 넣어 살짝 데친 다음 찬물에 헹구고 물기를 짠다.

2 채반에 널어 바람이 잘 통하는 곳에 두거나 식품건조기 (온도 38~40℃)에 넣어 꾸덕꾸덕해질 때까지 말린다.

3 된장을 제외한 양념장 재료를 중불에서 5~6분 끓인 후 불을 끈다. 된장을 넣고 잘 섞어 다시 1~2분 끓인다.

4 식은 양념장을 말린 참나물과 버무리고 용기에 담아 냉장 보관하며 숙성시킨다.

그냥 먹거나 참기름, 깨소금으로 양념해서 먹는다.

강원도로 귀농한 지인이 강원도 참나물을 도시 시장에 나오는 것과는 다르다면서, 마을 어르신들이 산에서 직접 채취한 참나물을 보내주었다. 연중 재배가 가능해서 언제든지 마트에서 볼 수 있는 참나물과는 향과 식감이 확연히 달랐다. 고마운 마음에 자연산 참나물 본연의 맛을 살린 장아찌를 담가 답례를 했다.

향과 아삭한 식감이 일품

참외 된장 장아찌

참외는 베타카로틴을 많이 함유하고 있어 암과 심장질환에 효과가 있는
천연 항산화제로 알려져 있다. 다른 과채류에 비해 열량과 비타민이 많아서
식품으로서 가치가 높고, 특유의 향과 아삭아삭한 식감이 일품이다.
참외의 포도당과 과당은 인체에 빠르게 흡수되어 피로 해소에 도움을 준다.

재료
참외 5개

절임액
설탕 60g
굵은소금 60g
물엿 1컵

양념장
된장 2컵
조청 1/2컵
마늘 1/2컵
생강즙 3큰술
청주 1/2컵
건표고버섯 가루 2큰술

1 참외는 단단하고 과육이 두꺼운 것으로 준비해서 깨끗이 씻는다.
껍질째 반으로 가르고 속의 씨를 깨끗이 제거한다.

2 절임액용 소금과 설탕을 섞어 참외 가운데에 넣고 참외가 숨이
죽으면 무거운 것을 올려 하루를 둔 뒤 물엿을 넣어 버무린다.
여기에 무거운 것을 눌러 1~2일 더 둔다.

3 물엿을 넣어 버무리고 무거운 것으로 눌러 하루 정도 더 둔다.
참외에서 수분과 짠맛이 빠지면 참외는 건지고 물은 버린다.

4 채반에 널어 그늘에 두거나 식품건조기(온도 38~40℃)에
넣어 꾸덕꾸덕해질 때까지 말린다.

5 된장과 건표고버섯 가루를 제외한 양념장 재료를
중불에서 5분 정도 끓인 후 불을 끈다.
된장과 건표고버섯 가루를 넣고 잘 섞어 다시 1~2분 끓인다.

6 식힌 양념장을 말린 참외와 버무리고 용기에 담는다.
양념장을 조금 남겨 위에 덮은 다음, 냉장 보관하며 숙성시킨다.

씻은 다음 썰어서 그냥 먹거나 참기름, 깨소금, 설탕으로 양념해서 먹는다.

건표고버섯 가루 만들기는 간단하다. 건표고버섯을 마른행주로 잘 닦고
기름 없는 팬에 볶은 후 분쇄기로 곱게 갈아 사용하면 된다.

청참외 술지게미 장아찌

푸른 빛깔의 청참외는 청채미라고도 부르며 피클, 장아찌 재료로 인기가 좋다.
술지게미로 장아찌를 담그면 청참외의 아삭한 맛과 어우러져 더할 나위 없는 훌륭한 밥반찬이 된다.

재료
청참외 6개

절임액
설탕 100g
굵은소금 100g
물엿 1컵

양념장
다진 마늘 1/2컵
생강즙 3큰술
조청 1/2컵
된장 1컵
술지게미 500g
고추씨 1/2컵

1 청참외는 단단하고 과육이 두꺼운 것으로 준비해서 깨끗이 씻는다.
껍질째 반으로 가르고 속의 씨를 깨끗이 제거한다.

2 굵은소금과 설탕을 섞어 청참외의 가운데에 넣고
5~6시간 후에 무거운 것으로 눌러 하루 정도 둔다.

3 절인 물은 버리고 청참외는 건져, 물엿 1컵을 넣어
버무려 하루 정도 둔다. 이때도 무거운 것으로 눌러주면 좋다.

4 채반에 넣어 그늘에 두거나 식품건조기(온도 38~40℃)에
넣어 꾸덕꾸덕해질 때까지 말린다.

5 다진 마늘, 생강즙, 조청을 넣어 3~4분 끓인 후
된장을 잘 섞어 다시 1~2분 끓인다.

6 식힌 양념장에 술지게미, 고추씨를 넣고 섞어
말린 청참외와 버무려 냉장 보관하여 숙성시킨다.

된장
장아찌

골다공증 치료에 탁월한

칡 잎 된장 장아찌

칡은 옛날부터 새순, 잎, 꽃, 줄기, 뿌리를 일상생활에서 다양하게 사용해왔다.
이른 봄 새순이 올라오기 전에 뿌리를 캐서 식재료 또는 약으로 활용하며 새순은 나물로 먹는다.
한방에서는 칡뿌리를 '갈근'이라고 하여 홍역, 이질, 설사, 가슴답답증, 갈증,
입맛이 없고 소화가 안 되는 증상에 약으로 쓴다. 또한 칡은 성장 호르몬 분비를 촉진하고,
골다공증 치료에 탁월한 에스트로겐과 유사한 물질인 다이드제인(이소플라본의 일종)이 석류보다 훨씬 많다.

재료
칡 잎 500g

맛국물
건표고버섯 2개
다시마 10×10cm 한 장
양파 200g(중 1개)
건고추 2개
마늘 10g
생강 5g
물 3컵

양념장
맛국물 1컵
찹쌀가루 2큰술
다진 마늘 3큰술
생강즙 2큰술
물엿 1컵
청주 1/2컵
된장 1.5컵

1 어린 칡 잎을 흐르는 물에 한 장씩 씻고 체에 밭쳐 물기를 없앤다.

2 김이 오른 찜기에 넣고 2~3분 찐 후 찬물에 헹구고
   물기를 꼭 짠다.

3 맛국물 재료를 중불에서 끓여 맛국물 1컵을 만든다.
   맛국물에 찹쌀가루를 넣어 찹쌀풀을 쑨다.

4 다진 마늘, 생강, 물엿, 청주를 섞어 3분 정도 졸이듯이 끓인 후
   불을 끈다. 된장과 찹쌀풀을 넣고 잘 섞어 다시 1분 정도 끓인다.

5 식힌 양념장을 칡 잎 사이사이에 바르고 용기에 담는다.
   바로 먹어도 좋고, 냉장 보관하며 숙성시킨다.

칡 잎 장아찌는 콩잎 장아찌와 비슷한 맛이 난다.

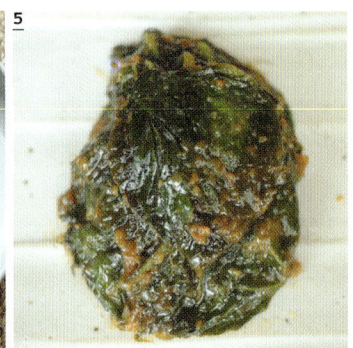

갱년기 여성에게 좋은

콩잎 된장 장아찌

노란 콩잎을 삭혀 만든 장아찌와 콩잎 김치는 경상도 향토 음식 중 하나다.
콩잎에 밀가루로 풀을 쑤어 넣고 열무김치처럼 담가, 진하게 끓인 강된장과 함께 쌈을 싸서 먹으면 별미다.
콩잎은 맛도 별미지만 영양도 콩 못지않다. 비타민이 풍부하고 여성호르몬인 에스트로겐 역할과
골다공증 예방 및 유방암 발생 억제 기능을 하는 이소플라본이 많이 함유돼 있어 부인병 예방에 효과적이다.

재료
콩잎 500g

맛국물
건표고버섯 2개
다시마 10×10cm 한 장
양파 200g(중 1개)
건고추 2개
마늘 10g
생강 5g
물 3컵

양념장
맛국물 1컵
찹쌀가루 2큰술
다진 마늘 3큰술
생강즙 2큰술
물엿 1컵
청주 1/2컵
된장 1.5컵

1 푸른 콩잎을 깨끗이 씻고 체에 밭쳐 물기를 뺀다.

2 김이 오른 찜기에 넣고 3분 정도 찐 다음 찬물에 헹구고
물기를 꼭 짠다.

3 맛국물 재료를 중불에서 끓여 맛국물 1컵을 만든다.
맛국물에 찹쌀가루를 넣어 찹쌀풀을 쑨다.

4 찹쌀풀에 다진 마늘, 생강, 물엿, 청주를 넣어 3분 정도 졸이듯이
끓인 후 불을 끈다. 된장을 넣고 잘 섞어 다시 1분 정도 끓인다.

5 식힌 양념장을 콩잎 사이사이에 바르고 용기에 담는다.
바로 먹어도 좋고, 냉장 보관하며 숙성시킨다.

톳 된장 장아찌

톳은 칼슘이 많이 들어 있어 아이들의 성장 발육에 좋은 식재료다.
나트륨을 배출시키는 칼륨도 풍부해 혈압이 높거나
스트레스를 많이 받는 사람이 먹으면 좋고.
태아의 뼈를 튼튼하게 해주므로 임신부가 먹으면 좋다.
다른 해조류와 마찬가지로 점질물인 알긴산은 중금속·농약·콜레스테롤 등을 흡착해
몸 밖으로 배출하는 효능이 있으므로 일본으로 많은 양이 수출되었다.

재료
톳 500g

데치기
물 1L

양념장
된장 1컵
물엿 1컵
조청 1/2컵
다진 마늘 3큰술
생강즙 3큰술
청주 1/2컵

1 톳은 깨끗이 씻어 찬물에 30~40분 담가 짠맛을 뺀다.

톳을 씻을 때 밀가루 2스푼 정도를 넣고 씻으면
이물질과 비린맛을 제거하는 데 도움이 된다. ✏️

2 끓는 물에 톳을 살짝 데친 후 찬물에 헹군 다음
채반에 널어 잠시 말린다.

3 된장을 제외한 양념장 재료를 중불에서 5분 정도 끓인 후
불을 끈다. 된장을 넣고 잘 섞어 다시 1~2분 끓인다.

4 식힌 양념장을 톳과 버무리고 용기에 담는다.
양념장을 조금 남겨 위에 덮은 다음, 냉장 보관하며 숙성시킨다.

톳은 짠맛을 빼고 보온밥솥에 넣어 48시간 정도 두면 부드러워진다.
이를 말려서 두었다가 밥을 지을 때 조금씩 넣으면 건강에 도움이 된다.

**된장
장아찌**

제철 식재료의
맛과 향, 영양까지
오래 저장해놓고 먹는다

'예전 먹고살기 힘들던 시절, 밥만 내놓을 수 없어 간간한 찬거리로 상에 올린 것이 장아찌인데 무슨 맛이나 영양가가 있을까?'

나는 장아찌에 대한 이런 선입견을 깨주고 싶다.

장아찌의 장점 중 하나는 재료를 불에 익히거나 조리하지 않기 때문에 바로 꺼내어 간단한 양념만으로 먹을 수 있다는 것이다. 또 하나의 큰 장점은 원재료의 맛과 식감은 잘 살리면서도 오래 두고 먹을 수 있다는 점이다.

아무리 김치냉장고 성능이 뛰어나고 식재료 저장 기술이 발달했어도 채소류는 보관 기간이 짧고 쉽게 시든다. 요즘은 비닐하우스 재배 기술이 발달해서 1년 내내 과채류를 마트에서 살 수 있지만, 산채류와 약용 작물 등은 제철이 아니면 구하기가 쉽지 않다.

제철에 수확한 산나물은 데친 후 햇볕에 말리거나 건조기로 말리면 오랫동안 보관할 수 있다. 하지만 건조 나물은 적정 온도에서 공기와 습도를 차단할 수 있는 밀폐 용기에 보관하지 않으면 곰팡이가 발생하기 쉽고, 습도가 지나치게 낮을 경우에는 부서지기 십상이다. 게다가 건조 나물은 곧바로 먹을 수 없고, 다시 삶고 불려야 요리에 쓸 수 있기 때문에 번거롭기 마련이다. 이에 반해 제철 식재료로 장아찌를 담그면 원재료의 맛과 향을 살려서 오래 저장해놓고 먹을 수 있다.

장아찌는 재료를 불에 익히거나 조리하지 않기 때문에 바로 꺼내어 간단한 양념만으로 먹을 수 있는 장점이 있다.

나는 해마다 2~3월이면 가까운 전통시장을 찾아 제철 식재료인 나물과 산야초를 사서 장아찌를 담근다. 요즘은 대형 마트와 슈퍼마켓에만 가도 제철과 상관없이 채소와 과일을 쉽게 접할 수 있지만, 그래도 전통시장에 가야 새로운 식재료를 찾을 수 있기 때문이다.

내가 주로 가는 곳은 전통 5일장이다. 식재료 기행의 원칙은 가능하면 버스와 기차 등 대중교통을 이용한다는 것이다. 그래야 구석구석 내가 원하는 식재료를 찬찬히 찾아보면서 공부할 수 있다.

가을철에 2일과 7일에 서는 강화도 5일장에서 으름과 함께 쉽게 볼 수 없는 다래가 눈에 띄었다. 한 상인 아저씨가 좌판에 펼쳐놓은 다래가 어찌나 귀하게 느껴지던지, 누군가 관심을 보이기 전에 얼른 챙겨 담아온 적이 있다. 양평 전통시장은 향긋한 냉이와 달래, 두릅부터 할머니들이 직접 산에서 채취한 다래 순, 엄나무 순, 오가피 순, 홑잎나물 등 내가 원하는 식재료를 볼 수 있어 즐겨 찾는다. 또 강원도 원주천 둔치에서 새벽 4시부터 아침 9시까지 열리는 '원주 농업인 새벽시장'에서 만난 눈개승마, 경기도 양평 용문산 산나물 축제에서 구한 삼잎국화나물로 장아찌를 담그곤 한다.

주변에서 흔히 구할 수 없는 식재료를 보면 욕심이 나긴 하지만 꼭 필요한 것만 골라 구입한다. 이렇게 전통시장에서 산 귀한 식재료는 데치거나 절여 수분을 말리는 전처리 작업을 한 후 장아찌를 담근다.

약선 요리를 공부하고 연구하면서 산야초를 적절히 활용하는 방법을 찾기 시작했다. 결국 봄에만 나는 산나물과 여름, 가을철에만 채취하는 열매류 등의 원재료 맛을 최대한 살려 오래 저장해서 먹을 수 있는 방법은 장아찌라는 생각이 들었다. 해마다 봄이 되면 참죽나무의 새순인 가죽나물과 뽕잎 순 등 몸에 좋은 식재료가 탐나서 그 맛과 식감, 향을 보존하면서도 오랫동안 두고 먹을 수 있는 장아찌를 만든다. 달콤한 흙내음이 싱그러운 냉이와 씀바귀 뿌리 등은 약성이 좋은 이른 봄, 2~3월에 나는 것이 가장 좋고, 여름부터 가을까지는 매실, 다래, 단감, 복숭아 등으로 새콤, 달콤, 매콤한 과일 장아찌를 담근다.

이처럼 장아찌는 여러 가지 채소와 과일을 소금, 식초, 장류 등에 절임·숙성했다가 먹기 때문에 사용하는 식재료에 따라 맛이 다르다. 채소라면 무엇이든 재료가 될 수 있고,

채소 뿌리부터 열매, 줄기, 꽃, 잎, 씨앗까지 장아찌를 만들어 먹을 수 있다.

장아찌 주재료인 채소에는 비타민 A·B·C와 칼슘·철분·인 등의 무기질이 많다. 또 안토시아닌·베타카로틴·클로로필(chlorophyll) 등의 색소 성분, 피토케미칼(phytochemical)과 같은 생리활성 성분이 다양하게 들어 있어 강력한 항산화 작용으로 노화를 방지하고, 암을 예방하는 데 효과적이다. 식이섬유소도 많아 변비에 좋고, 혈중 콜레스테롤을 떨어뜨려 각종 성인병 예방에 도움이 되며, 칼로리가 높지 않아 다이어트에도 이롭다. 특히 발효 과정 중에 생기는 각종 효소가 소화를 돕고, 젖산균 등의 미생물은 정장 작용을 해서 영양적 가치가 크다.

일례로 흔하게 먹는 양파 장아찌는 우리 몸에 불필요한 젖산과 콜레스테롤, 지방 등을 녹여주는 대표적인 식품이다. 우리나라 각처의 산에서 볼 수 있는 야생 과일인 다래는 비타민 C와 탄닌이 풍부해서 피로를 풀어주고 불면증 치료에도 도움을 준다. 다래를 절임물에 4~5시간 절였다가 건진 다음 채반에 널어 꾸덕꾸덕 말려 만든 다래 고추장 장아찌는 아삭아삭한 맛과 고유의 영양 성분까지 함께 섭취할 수 있다.

장아찌는 주식인 밥처럼 열량을 공급하거나, 육류처럼 단백질 등을 풍부하게 공급해줄 수는 없지만, 특유의 향미, 색 또는 식염의 짠맛 등으로 미각을 자극해서 식욕을 증진한다. 식초나 소금에 절인 서양 음식들이 짜고 신맛으로 구분되는 데 반해, 한국의 장아찌는 소금기를 통해 부패를 방지할 뿐 아니라 장류가 가진 독특한 풍미가 재료에 배어 다른 나라의 저장음식들과 차별화된다.

요즘에는 밥과 발효 중심의 한국 전통 식생활이 성인병 예방 등에 효과가 있다고 알려지면서, 장아찌가 단순 밑반찬을 넘어 약이 되는 건강식품으로 주목받는다. 장아찌를 만드는 재료도 흔한 채소류에서 산야초 등으로 다양하게 넓어진다. 대표적으로 매실부터 수삼, 대추, 초석잠, 어성초, 방풍, 오갈피 등으로 만든 장아찌를 예로 들 수 있다.

특히 산야초 장아찌는 각기 몸에 좋은 성분과 효능을 섭취할 수 있어서 좋다. 예를 들면 삼채에는 면역력 증진에 도움이 되는 항산화물질인 식이유황이 양파, 마늘보다 월등하게 들어 있어 혈액을 정화하고 혈전을 용해시켜 몸 밖으로 배출시키는 작용을 한다. 이처럼 효능이 뛰어난 약초 장아찌는 또 다른 매력이 있다.

요리 초보자도 뚝딱 맛있게 만들 수 있는 간장 장아찌.

구수한 맛과 단맛, 그리고 짠맛이 조화를 이룬

'천연 조미료' 간장으로 담근 장아찌는 감칠맛이 매력이다.

발효 식초나 매실 농축액을 넣어 간장과 함께 끓인 양념장으로 장아찌를 담그면

새콤달콤하면서 식재료 특유의 아삭한 식감과 풍부한 맛이 살아 있다.

깔끔하고 개운한 맛

간장
장아찌

신진대사 촉진해 기운을 돋우는

가죽나물 간장 장아찌

이른 봄에 만날 수 있는 별미 식재료 가죽나물은 잎이 부드럽고 연한 것을 골라 장아찌로 만들어 먹으면 좋다.
전라도에서는 쭉나무라고도 부르며 예로부터 민간에서는 이질에 많이 사용했다.

재료

가죽나물 500g

맛국물

다시마 10×10cm 한 장
양파 100g(중 1/2개)
건고추 2개
건표고버섯 2개
마늘 20g
물 3컵

양념장

맛국물 1컵
진간장 1/2컵
국간장 3큰술
설탕 1컵
식초 1컵
청주 1/2컵
매실 발효액 1/2컵

1 가죽나물은 부드러운 것을 준비하고 깨끗이 씻어
물기를 제거한다.

2 맛국물 재료를 중불에서 끓여 맛국물 1컵을 만든다.
맛국물에 진간장, 국간장, 설탕을 넣고 끓으면
식초, 청주, 매실 발효액을 넣고 1분 정도 더 끓여
양념장을 만든다.

3 용기에 가죽나물을 담고 뜨거운 양념장을 부은 다음,
가죽나물이 뜨지 않도록 눌러놓는다.

4 5일, 10일, 20일 후에 양념장만 따라내어 끓인 다음
식혀서 붓는다. 냉장 보관하며 숙성시킨다.

장기간 보관할 경우에는 김치냉장고에서 보관 숙성시킨다.

매운맛이 강하고 향기로운

갓 간장 장아찌

갓은 항산화 물질이 풍부해 노화와 질병을 억제하는 효과가 있다.
가을에 주로 생산하는데 김치로 담가 먹거나 샐러드용으로 쓰이지만 장아찌로 만들어 먹어도 좋다.
갓 간장 장아찌는 매콤하면서도 향긋한 갓의 풍미를 느낄 수 있다.

재료
갓 1kg

맛국물
멸치 20g
다시마 10×10cm 한 장
양파 100g(중 1/2개)
건고추 2개
마늘 30g
생강 10g
건표고버섯 2개
물 4컵

양념장
맛국물 1.5컵
진간장 1컵
국간장 1컵
설탕 1.5컵
식초 1컵
고추장 2큰술
청주 1/2컵
매실 발효액 1컵

1 갓은 다듬어 깨끗이 씻고 채반에 널어 물기만 제거하는 정도로
살짝 말린다.

2 맛국물 재료를 중불에서 끓여 맛국물 1.5컵을 만든다.
여기에 진간장, 국간장, 설탕을 넣고 끓으면
식초, 고추장, 청주, 매실 발효액을 넣고
1분 정도 더 끓여 양념장을 만든다.

3 용기에 갓을 담고 식힌 양념장을 부은 다음,
갓이 양념장 위로 뜨지 않도록 눌러놓는다.

4 3일, 7일, 10일 후에 양념장만 따라내어 끓인 다음 식혀서 붓는다.
냉장 보관하면서 2~3개월 숙성시킨다.

갓 장아찌는 오랫동안 저장 가능하다.
갓김치보다 보관이 쉽고 맛이 덜 변하는 것도 매력이다.

두통을 없애고 머리를 맑게 해주는

갯기름나물(식방풍) 간장 장아찌

갯기름나물은 고추장 장아찌, 된장 장아찌와 더불어 간장 장아찌로 만들어 먹어도 좋다.
부드러운 잎은 꽃이 피기 전까지 먹을 수 있다.

재료
갯기름나물 1kg

맛국물
멸치 20g
다시마 10×10cm 한 장
양파 50g(중 1/4개)
건고추 3개
마늘 30g
생강 10g
물 5컵

양념장
맛국물 3컵
진간장 1.5컵
국간장 1/2컵
설탕 1컵
식초 1컵
청주 1/2컵
매실 발효액 1컵

1 　갯기름나물(식방풍)을 손질하고 깨끗이 씻은 후 채반에 널어
　　물기를 제거한다.

2 　맛국물 재료를 중불에서 끓여 맛국물 3컵을 만든다.
　　맛국물에 진간장, 국간장, 설탕을 넣고 끓으면 청주, 식초,
　　매실 발효액을 넣고 1분 정도 더 끓여 양념장을 만든다.

3 　용기에 갯기름나물을 담고 뜨거운 양념장을 부은 다음,
　　갯기름나물이 양념장 위로 뜨지 않도록 눌러놓는다.

4 　5일, 10일, 20일 후에 양념장만 따라내어 끓인 다음
　　냉장 보관하며 숙성시킨다.

쓴맛이 입맛을 돋워 소화를 촉진하는

고들빼기 간장 장아찌

쓴맛이 강한 고들빼기는 어린잎과 뿌리를 나물로 주로 먹는데, 장아찌 재료로도 손색이 없다.
뿌리가 굵고 잎이 연한 것을 골라 사용하면 좋다.

재료
고들빼기 1kg

맛국물
멸치 15g
다시마 10×10cm 한 장
양파 100g(중 1/2개)
건고추 2개
마늘 30g
물 4컵

양념장
맛국물 2컵
진간장 1컵
국간장 1/2컵
설탕 1컵
식초 1컵
청주 1/2컵
매실 발효액 1.5컵

1 고들빼기는 잔뿌리를 다듬고 솔로 잘 씻는다.
   찬물을 갈아가면서 하루 정도 담가 쓴맛을 제거한다.
   최근에는 비닐하우스에서 재배한 것이 많으므로 물에서 하루 정도만 우리지만,
   야생의 고들빼기는 쓴맛이 강하므로 3~4일 우려낸다.

2 채반에 넣어 물기만 제거하는 정도로 살짝 말린다.

3 맛국물 재료를 중불에서 끓여 맛국물 2컵을 만든다.
   맛국물에 진간장, 국간장, 설탕을 넣고 끓으면
   식초, 청주, 매실 발효액을 넣고 1분 정도 더 끓여 양념장을 만든다.

4 용기에 고들빼기를 담고 뜨거운 양념장을 부은 다음,
   고들빼기가 양념장 위로 뜨지 않도록 눌러놓는다.

5 5일, 10일, 20일 후에 양념장만 따라내어 끓인 다음
   식혀서 붓는다. 냉장 보관하며 숙성시킨다.

간장
장아찌

비타민 C가 사과보다 많은 녹황색 채소

고추(매운 풋고추) 간장 장아찌

풋고추는 여름철에 흔히 먹는 녹황색 채소로
비타민 C가 사과보다 많고 비타민 E도 풍부하다.
매운맛 성분인 캡사이신(capsaicin)은 살균·항균 작용을 하며,
자극적인 향이 위액의 분비와 소화를 촉진해
식욕을 증진하고 신진대사를 활발하게 한다.
콜레스테롤 감소와 지방 분해 효능이 있으며, 감기 등에도 효과가 있다.

재료
매운 풋고추 1kg

맛국물
양파 200g(중 1개)
건표고버섯 2개
통마늘 30g
북어 중간 것 1마리
생강 20g
물 5컵

양념장
맛국물 2.5컵
진간장 3컵
설탕 3컵
식초 3컵
청주 1컵

1 매운 풋고추는 깨끗이 씻고, 꼭지는 1cm 남기고 자른다.
꼭지 바로 위의 통통한 부분을 포크로 찌른다.

풋고추에 구멍을 내는 것은 양념장이 잘 배도록 하기 위해서다.

2 맛국물 재료를 중불에서 끓여 맛국물 2.5컵을 만든다.
여기에 진간장, 설탕을 넣고 3분 정도 끓인 후
식초, 청주를 넣어 잠시 끓인다.

3 용기에 매운 풋고추를 담고 뜨거운 양념장을 부은 다음,
풋고추가 양념장 위로 뜨지 않도록 눌러놓는다.

4 5일, 10일, 20일 후에 양념장만 따라내어 끓인 다음
식혀서 붓는다. 냉장 보관하며 숙성시킨다.

풋고추를 젓갈에 절인
고추 젓갈 장아찌도 있다.
마늘대와 같이 담그면 좋다.

• 옛 문헌 속 장아찌 •

고추 장아찌

《조선 요리법》

재료: 풋고추, 고추잎, 무말랭이, 간장, 마늘, 생강실고추

만드는 법: 풋고추를 자즐구려한 것으로 끓는물에 얼핏둘러내서 채반에 펴놓아 수둑
수둑하게 말리고 고추잎도 싫어서 채반에 펴놓아 말립니다. 무도 장앗지처럼 썰어서
수둑수둑하게 말려서 정한물에싯어 물기를빼서 항아리에담고 맛있는 간장을 몸이 잠
기도록붓고 돌로 꼭눌러놓았다가 한삼일지내거든 장만따러서 충분히끓여 식혀불제
실고추와 마늘채 생강채를 넣고 버무려서 다시 항아리에담고 돌맹이로 꼭눌르고 장
을부어서 꼭덮어 놓았다가 봄에꺼내서 참기름 설탕 깨소금등을처서 무처잡수십시오.

풀이

풋고추를 자잘한 것으로 끓는 물에 잠깐 둘러내서 채반에 펴놓아 수둑수둑하게 말리
고, 고춧잎도 삶어서 채반에 펴놓아 말린다. 무도 장아찌처럼 썰어서 수둑수둑하게
말려서 깨끗한 물에 씻어 물기를 빼서 항아리에 담고, 맛있는 간장을 몸이 잠기도록
붓고 돌로 꼭 눌러놓는다. 한 삼일 지나거든 장만 따라서 충분히 끓여 식혀 실고추
와 마늘채, 생강채를 넣고 버무려서 다시 항아리에 담고, 돌멩이로 꼭 누르고 장을
부어서 꼭 덮어놓았다가, 봄에 꺼내어 참기름, 설탕, 깨소금 등을 넣고 무쳐 먹는다.

▶《조선요리법》은 교육자이자 요리연구가인 조자호(趙慈鎬: 1912~1976) 선생이 지은 책으로, 한국
음식 조리법과 상차림법 등을 적었다.

간장
장아찌

곰취 간장 장아찌

곰취는 산나물 중에서도 향기가 많고 잎이 넓어 쌈채소로 널리 쓰인다.
곰이 좋아하는 나물이라는 뜻에서 곰취라는 이름이 유래했다.
혈액 순환을 원활하게 해주고 백일해, 천식 등의 치료약으로도 쓰인다.

재료
곰취 500g

맛국물
건표고버섯 2장
다시마 10×10cm 한 장
양파 100g(중 1/2개)
마늘 20g
생강 5g
건고추 1개
물 4컵

양념장
맛국물 2컵
진간장 1컵
국간장 1/2컵
설탕 1컵
식초 1컵
청주 1/2컵
매실 발효액 1컵

1. 곰취 잎은 깨끗이 씻어 물기를 제거한다.

2. 맛국물 재료를 중불에서 끓여 맛국물 2컵을 만든다.
   맛국물에 진간장, 국간장, 설탕을 넣고 끓으면 식초, 청주,
   매실 발효액을 넣고 1분 정도 더 끓여 양념장을 만든다.

3. 양념장이 식으면 곰취 잎을 적셔 켜켜이 담고 남은 양념장을
   부은 후, 곰취 잎이 양념장 위로 뜨지 않도록 눌러놓는다.

4. 양념장을 넣고 5일, 10일, 20일 후에 양념장만 따라내어
   끓인 다음 식혀서 붓는다. 냉장 보관하며 숙성시킨다.

아삭하고 꼬들꼬들한 식감이 일품

궁채나물 간장 장아찌

씹는 식감이 좋은 궁채나물은 공채나물, 풍채나물로도 불린다.
옛날 중국에서 황제에게 진상하던 채소라 '궁채(貢菜)'라 이름 붙여진 줄기상추의 일종이다.
고구마 순과 비슷하지만 아삭아삭하고 꼬들꼬들한 식감이 일품이다.
삼겹살을 먹을 때 곁들이면 엽록소와 섬유소가 혈관 속 콜레스테롤 수치를 조절해 혈관 건강에 도움이 된다.

재료
말린 궁채나물 1kg

데치기
물 2L
소금 2큰술

맛국물
양파 200g(중 1개)
건표고버섯 2개
다시마 10×10cm 두 장
마늘 50g
건고추 3개
생강 10g
북어 1마리
물 10컵

양념장
맛국물 4컵
진간장 1.5컵
조청 3컵
설탕 1컵
고추장 3큰술
생강즙 3큰술
청주 1/2컵
식초 1/2컵

1 궁채나물은 잘 씻어 준비한다.
끓는 소금물에 궁채나물을 3~4회 나누어 넣어 살짝 데친 다음
찬물에 헹구고 물기를 짠다.

말린 것을 불릴 때는 끓는 물에 넣었다가 바로 건져내야 아삭한 식감이 좋다.

2 채반에 널어 물기를 제거한다.

3 맛국물 재료를 중불에서 끓여 맛국물 4컵을 만든다.
맛국물에 양념장 재료를 넣고 5~6분 끓인다.

불린 궁채나물 1kg일 때는 양념장을 3분의 1 정도 사용한다.

4 식힌 양념장을 궁채나물과 버무려서 용기에 담고,
냉장 보관하며 3개월 정도 숙성시킨다.

그냥 먹거나 기호에 따라 깨소금, 참기름으로 양념해서 먹는다.

08

한 장에 달걀 2개 비타민 A 담긴

김 간장 장아찌

칼슘과 요오드가 풍부한 해조류인 김은 알칼리성 식품으로,
칼슘뿐 아니라 칼륨, 인, 철 등의 성분이 풍부해 골다공증 예방에 도움이 된다.
김 한 장에 달걀 2개 분량의 비타민 A가 들어 있으며, 비타민 B_1, B_2, C, D도 풍부하다.
김에 들어 있는 단백질은 다른 식품보다 질이 좋고
소화 흡수가 잘 되므로 어린이와 노약자에게 좋다.
또한 비타민이 풍부해서, 푸른 채소가 적은 겨울에 비타민 공급원으로 중요한 구실을 한다.

178

재료
김밥용 김 100장

맛국물
양파 200g(중 1개)
생강 10g
다시마 10×10cm 한 장
마늘 30g
건고추 2개
통후추 1작은술
멸치 20g
건표고버섯 2개
물 6컵

양념장
맛국물 4컵
진간장 1.5컵
물엿 2컵
설탕 1.5컵
청주 1컵
식초 1/2컵
고추장 1큰술
생강채 30g

1 김밥용 김을 후라이팬에 구워 12등분하고 실로 묶는다.

김방용으로 구운 김을 구입하여 장아찌를 만들면 편리하다. ✏️

2 맛국물 재료를 중불에서 끓여 맛국물 4컵을 만든다.
맛국물에 양념장 재료를 넣고 중불에서 끓여
양념장의 3/4 분량으로 졸인다.

3 손질한 김을 용기에 담고 뜨거운 양념장을 붓는다.

4 냉장 보관하며 숙성시킨다.

바로 먹을 수도 있지만 한 달 정도 지나면 더 맛있다.
먹을 때 통깨를 뿌리거나 밤을 채 쳐서 올리면 좋다.
장기간 보관할 때는 냉동고에 보관하는 것이 좋다. ✏️

간장
장아찌

철분 함유량이 시금치의 2배 되는

깻잎 간장 장아찌

깻잎은 들깨의 잎으로 들깨가 자라는 동안 잎을 따서 먹는다.
철분 함유량은 시금치의 2배나 되며 칼슘·비타민 A·C도 풍부하다.
혈액 응고 작용을 돕는 비타민 K도 함유하고 있으며, 각종 암과 생활 습관병을 예방하는 효과가 크다.
생선의 비린내와 고기의 누린내를 없애는 향신료로 많이 이용된다.
또한 방부제 역할을 해 식중독을 예방하는 효과가 있다.
깻잎김치·깻잎장아찌·깻잎부각 등을 만들어 밑반찬으로 먹기도 한다.

재료
깻잎 500g

맛국물
멸치 15g
다시마 10×10cm 한 장
양파 100g(중 1/2개)
건고추 2개
마늘 30g
생강 5g
물 4컵

양념장
맛국물 2컵
진간장 1컵
국간장 3큰술
설탕 1.5컵

1 깻잎은 깨끗이 씻고 꼭지는 1cm만 남기고 자른 다음
물기를 제거하고 차곡차곡 포갠다.

깻잎이 질기면 한 번 쪄서 사용한다. ✎

2 맛국물 재료를 중불에서 끓여 맛국물 2컵을 만든다.
맛국물에 양념장 재료를 넣어 중불에서 끓인다.

3 양념장이 식으면 깻잎을 적셔 켜켜이 담고 남은 양념장을
부은 후, 깻잎이 양념장 위로 뜨지 않도록 눌러놓는다.

4 3일, 7일, 10일 후에 양념장만 따라내어 끓인 다음 식혀서 붓는다.
냉장 보관하며 숙성시킨다.

바로 먹을 수 있으며 자극적이지 않아 아이들이나
신맛을 좋아하지 않는 사람이 좋아하는 장아찌 중의 하나다. ✎

10

맛이 달고 성질이 따뜻한

냉이 간장 장아찌

봄철의 대표 식물 냉이는 잎과 줄기가 작은 어린 냉이가 맛이 좋다.
뿌리가 너무 단단하지 않고 잔뿌리가 적은 것을 골라 장아찌로 만들어 먹으면 일 년 내내 봄의 향긋함을 맛볼 수 있다.

재료
냉이 1kg

맛국물
멸치 20g
다시마 10×10cm 한 장
양파 100g(중 1/2개)
건고추 3개
마늘 30g
생강 10g
물 4컵

양념장
맛국물 2컵
진간장 2컵
설탕 1컵
청주 1/2컵
식초 1컵
매실 발효액 1컵

1 냉이는 잔뿌리에 이물질이 많이 붙어 있으므로 잘 손질해
깨끗이 씻은 후 채반에 널어 물기를 제거한다.

2 맛국물 재료를 중불에서 끓여 맛국물 2컵을 만든다.
맛국물에 진간장, 설탕을 넣고 끓으면 식초, 청주, 매실 발효액을
넣고 1분 정도 더 끓여 양념장을 만든다.

3 용기에 냉이를 담고 식힌 양념장을 붓는다.

4 3일, 7일, 10일 후에 양념장만 따라내어 끓인 다음 식혀서 붓는다.
냉장 보관하며 숙성시킨다.

냉이 간장 장아찌는 그냥 먹거나 양념으로 무쳐 먹는다.

혈액 순환 촉진하는 자양강장 식품

달래 간장 장아찌

달래는 봄철 잃었던 입맛을 되찾아주는 대표적인 봄나물로,
복통을 치료하고 혈액 순환을 촉진해 예부터 자양강장 음식으로 알려져 있다.
다섯 가지 맛을 가진 채소로 '오신채'라고도 불리며, 콜레스테롤 수치도 낮추며
세포를 강화하고 혈관을 튼튼하게 한다. 각종 무기질과 비타민이 골고루 있어
겨우내 움츠렸던 몸이 활동기인 봄을 맞아 잘 움직이게 도와주는 식품이다.

재료
달래 100g

맛국물
멸치 10g
다시마 10×10cm 한 장
양파 50g(중 1/4개)
건고추 1개
마늘 30g
물 3컵

양념장
맛국물 1컵
진간장 2/3컵
식초 1/2컵
설탕 1/2컵
생강즙 1큰술
청주 1/4컵

1 달래는 머리 부분을 깨끗이 손질하고 씻는다.

2 맛국물 재료를 중불에서 끓여 맛국물 1컵을 만든다.
맛국물에 양념장 재료를 넣어 3~4분 끓인다.

3 용기에 달래를 담고 식힌 양념장을 붓는다.

4 5일, 10일, 15일 후에 양념장만 따라내어 끓인 다음 식혀서 붓는다.
냉장 보관하며 숙성시킨다.

참기름을 넣지 않고 양념해서 먹는 것이 깔끔한 맛을 느낄 수 있다.

• 옛 문헌 속 장아찌 •

달래 장앗지

《조선요리제법》

재료 달래 한보시기, 간장 조금 기름 한숟가락, 설탕 반숫가락 깨소금 반숫가락, 고추 한 개 달래를 뿌리를 따고 정하게 씻은후 번철에 기름을 부은후 달래를 복다가 간장과 설탕과 깨소금과 고춧가루를 넣고 잘 섞어서 먹나니라

달래는 뿌리를 따고 깨끗하게 씻는다. 그런 후에 번철에 기름을 부은 후 달래를 복다가 간장과 설탕과 깨소금과 고춧가루를 넣고 잘 섞어서 먹는다.

《조선요리제법》은 1917년 방신영이 저술하였으며, 구전으로 이어지던 우리나라 전통음식 제조법을 체계적으로 완성한 요리서라고 평가받는다.

'천연 인슐린'으로 불리는
돼지감자 간장 장아찌

돼지감자는 꽃은 국화꽃을 닮았고 뿌리는 감자 또는 고구마를 닮았다 하여
국화감자, 국화고구마라고도 부른다.
돼지감자에는 13~20%에 달하는 이눌린 성분이 들어 있다.
이눌린은 혈당치를 상승시키지 않으면서 인슐린 역할을 하는데,
위에서 소화되지 않고 장으로 내려가므로
혈당과 혈중 인슐린의 농도가 증가하지 않아 옛날부터 당뇨 환자용으로 사용되어왔다.
이런 이유로 돼지감자를 '천연 인슐린'으로 부르기도 한다.

재료
돼지감자 1kg

맛국물
양파 100g(중 1/2개)
생강 10g
다시마 10×10cm 한 장
마늘 20g
건고추 1개
통후추 1작은술
멸치 10g
건표고버섯 1개
물 4컵

양념장
맛국물 2컵
진간장 1.5컵
조청 1컵
설탕 1컵
청주 1/2컵
고추장 2큰술
생강즙 3큰술
설탕 3큰술

1 돼지감자는 껍질째 깨끗하게 씻은 후 0.8cm 두께로 썬다.

2 맛국물 재료를 중불에서 끓여 맛국물 2컵을 만든다.
맛국물에 양념장 재료를 넣어 끓인다.

장아찌를 담글 때 고추장을 넣으면 색이 진해지고, 특유의 냄새를 잡아주며, 칼칼한 맛이 난다. ✏️

3 용기에 돼지감자를 담고 양념장을 뜨거울 때 붓는다.

4 3일, 7일, 15일 후에 양념장만 따라내어 끓인 다음 식혀서 붓는다.

5 양념장에 절인 돼지감자를 건져 채반에 널어
꾸덕꾸덕해질 때까지 말린다.

이렇게 하면 식감도 쫀득하고 보관에도 도움이 된다. ✏️

6 양념장에 돼지감자를 다시 넣어 냉장 보관하며 숙성시킨다.

먹을 때는 다진 파, 다진 마늘, 설탕, 통깨, 참기름 등으로 양념한다. ✏️

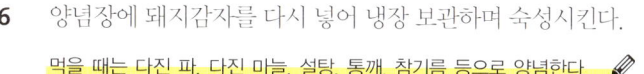

보양과 정력 증진에 효과가 좋은

두릅 간장 장아찌

두릅에는 사포닌과 비타민 C 성분이 많아서 암을 예방하고 혈당 강하 및 혈중 지질 저하 효과가 있다.
혈당치가 높은 당뇨병 환자에게 좋고, 보양과 정력 증진에 효과적이다.
또 두릅 순에서 나는 독특한 향은 정유 성분으로, 마음을 편안하게 하고
아침마다 일어나기 힘들어하는 사람들에게 활력을 준다.
스트레스를 많이 받는 직장인, 집중력이 떨어지는 수험생과 학생이 먹으면 머리가 맑아지고 잠도 잘 온다.
비타민 C와 B₁ 외에 신경을 안정시키는 칼슘도 많이 들어 있어 마음을 편하게 해주고
불안, 초조감을 없애는 데 많은 도움이 된다.

재료
두릅 1kg

맛국물
마늘 50g
생강 10g
건고추 3개
건표고버섯 2개
물 5컵

양념장
맛국물 2컵
진간장 1컵
국간장 1/2컵
설탕 2컵
식초 1.5컵
청주 1컵

1 두릅(참두릅)은 손질해 물기가 빠지게 두고,
굵은 것은 가운데에 칼집을 넣는다.

2 맛국물 재료를 중불에서 끓여 맛국물 2컵을 만든다.
여기에 진간장, 국간장, 설탕을 넣고 끓으면 식초, 청주를 넣고
1분 정도 더 끓여 양념장을 만든다.

3 용기에 두릅을 담고 뜨거운 양념장을 붓는다.

4 3일, 7일, 10일 후에 양념장만 따라내어 끓인 다음 식혀서 붓는다.
냉장 보관하며 숙성시킨다.

그냥 먹거나 깨소금, 참기름으로 양념해서 먹는다.

고추 장아찌를 먹고 남은 양념장으로 두릅 장아찌를 담가도 괜찮다.

향이 좋고 담백한

땅두릅나물 간장 장아찌

두릅은 참두릅, 개두릅, 땅두릅으로 구분되는데 땅에서 나는 땅두릅나물은 두릅나뭇과에 속하는 여러해살이풀로
이른 봄 새순을 식용하며, 향이 좋고 쌉싸름하며, 아삭거리고 담백해 맛이 좋다.
또한 면역력 강화에도 좋다고 알려져 있다.

재료
땅두릅나물 1kg

맛국물
마늘 50g
생강 10g
마른 고추 3개
건표고버섯 2개
물 5컵

양념장
맛국물 2컵
진간장 1컵
국간장 1/2컵
설탕 2컵
식초 1.5컵
청주 1컵

1   땅두릅나물은 손질하여 물기를 빠지게 소쿠리에 세워 둔다.

2   맛국물 재료를 중불에서 끓여 맛국물 2컵을 만든다.
여기에 진간장, 국간장, 설탕을 넣어 끓으면
식초, 청주를 넣어서 1분 정도 더 끓여 양념장을 만든다.

3   손질한 땅두릅나물에 뜨거운 양념장을 붓는다.

4   3일, 7일, 10일 후에 양념장만 따라내어 끓인 다음 식혀서 붓는다.
땅두릅나물이 뜨지 않도록 하여 냉장 보관하며 숙성시킨다.

은은한 향이 매력인

당귀 잎 간장 장아찌

대표적인 약용식물 중 하나인 당귀는 예로부터 여성에게 좋은 약초로 널리 알려져 있다.
예전에는 산에서 주로 채취했으나 최근에는 재배 농가가 많아지면서 어린 잎을 쌈채소로 이용하기도 한다.

재료
당귀 잎 500g

맛국물
양파 100g(중 1/2개)
건고추 2개
건표고버섯 2개
마늘 20g
물 3컵

양념장
맛국물 1컵
진간장 1/2컵
국간장 3큰술
설탕 1컵
식초 2/3컵
청주 1/2컵
매실 발효액 1/2컵

1 당귀 잎은 부드러운 것을 준비해 깨끗이 씻고 물기를 제거한다.

2 맛국물 재료를 중불에서 끓여 맛국물 1컵을 만든다.
맛국물에 진간장, 국간장, 설탕을 넣고 바글바글 끓으면
식초, 청주, 매실 발효액을 넣고 1분 정도 더 끓여 양념장을 만든다.

3 준비한 용기에 당귀 잎을 담고 식힌 양념장을 부은 다음,
당귀 잎이 양념장 위로 뜨지 않도록 눌러놓는다.

4 5일, 10일, 20일 후에 양념장만 따라내어 끓인 다음 식혀서 붓는다.
냉장 보관하며 숙성시킨다.

장기간 보관할 경우에는 김치냉장고에서 보관 및 숙성시킨다.

피부 주름 방지에 효과적인 해조류

매생이 간장 장아찌

매생이는 수분이 95%가량 함유되어 있는데, 미역이나 김 등과 비교했을 때 수분이 가장 풍부하므로
피부 수분을 채워주는 데 효과적이라고 한다.
활성산소를 제거하는 비타민 E가 풍부해 활성산소가 만들어내는 피부 주름을 막는 데 효과적이다.
또 매생이에 풍부한 식이섬유와 알긴산은 몸속 노폐물을 배출하는 능력이 뛰어나서
봄철 미세 먼지와 황사, 꽃가루 등을 배출해주는 효능이 있다.

재료
매생이 1kg

양념장
진간장 1컵
맛술 1컵
물엿 1컵
고추장 2큰술
생강즙 3큰술
청주 1/2컵

1 매생이는 재빨리 씻어 물기를 꼭 짠다.

  너무 오래 씻거나 물에 담가놓으면 상한다.
  시중에 파는 마른 매생이를 이용하면 편리하다. ✎

2 채반에 넣어 바람이 잘 통하는 곳에 두거나 식품건조기
  (온도 38~40℃)에 넣어 잘 말린다.

3 엉긴 부분이 없도록 손질한 다음 5cm 길이로 자른다.

4 양념장 재료를 넣어 바글바글 끓인다.

5 용기에 매생이를 담고, 양념장을 식혀서 매생이 사이사이에
  붓는다. 냉장 보관하며 숙성시킨다.

  참기름, 깨소금을 넉넉히 넣어 먹는다. ✎

1

5-1

5-2

체력과 정력을 높이는 강장제

마늘 간장 장아찌

마늘은 우리나라에서 음식의 양념으로 없어서는 안 되는 향신료다.
대표적인 강장제이며, 위를 따뜻하게 하고 뭉친 것을 풀어주며 소화가 잘되게 한다.
마늘에 함유되어 있는 알리신 성분은 비타민 B_1의 흡수율을 높이는 작용을 하며,
항산화 작용으로 세포 노화 방지와 암 예방에 도움을 준다.
미국국립암연구소는 마늘을 최고의 항암 식품으로 꼽았는데,
마늘 특유의 냄새와 맛이 부담스럽다면 장아찌로 만들어 먹는 것이 좋다.

재료
통마늘 20개

절임액
물 2L
식초 1L
소주 1.5컵

양념장
물 2컵
진간장 2컵
고추 발효액 2컵
매실 발효액 2컵

1 5월의 알이 단단하고 고른 장아찌용 육쪽 마늘을 준비해
뿌리와 대궁 부분을 자른 다음, 속껍질 두 겹을 남기고 벗긴다.
손질한 마늘은 깨끗이 씻어 물기를 제거한다.

하지 전에 덜 여물어 마늘쪽이 떨어지지 않고,
크기도 너무 크거나 작지 않은 것으로 준비한다.
마늘 대는 약간 푸르고 마늘 껍질은 붉은빛을 띠는 것이 좋다. ✎

2 절임액을 마늘이 푹 잠길 정도로 만들어 붓고,
시원한 곳에서 3주일 정도 둔다.

3 체에 밭쳐 마늘만 남기고 절임액은 버린다.

4 물, 진간장을 넣고 끓으면 고추 발효액, 매실 발효액을 넣고
1분 정도 더 끓여 양념장을 만든다.

5 용기에 마늘을 담고 식힌 양념장을 붓는다.
일주일 정도 지난 후 양념장만 따라내어 끓인 다음 식혀서
다시 붓는 과정을 2~3회 반복한다. 한 달 정도 숙성시킨다.

향긋한 맛이 일품인

풋마늘 대 간장 장아찌

풋마늘 대에는 마늘의 좋은 성분이 그대로 들어 있다.
비타민 C가 풍부하고 해독 작용과 신경 안정 및 진정 효과가 있어 스트레스에도 좋은 효능이 있다.
설파이드 함량이 높아 암과 혈관 질환에도 효과가 좋다.
늦가을, 땅이 얼기 전에 땅속에 심은 한 톨의 마늘은 겨우내 봄을 기다린다.
풋마늘 대는 그다음 해 잎이 올라오고 뿌리의 마늘 알을 살찌우기 전인 이른 봄에만 잠깐 먹을 수 있는 귀한 재료다.

재료
풋마늘 대 1kg

맛국물
북어 1마리
다시마 10×10cm 한 장
건고추 3개
생강 10g
물 5컵

양념장
맛국물 2컵
진간장 2컵
설탕 2컵
청주 1/2컵
생강즙 2큰술
식초 2컵

1 풋마늘 대의 머리와 잎을 조금 제거한 후 겹치는 부분을
   깨끗이 씻는다.

2 맛국물 재료를 중불에서 끓여 맛국물 2컵을 만든다.
   맛국물에 진간장, 설탕, 청주, 생강즙을 넣고 끓으면
   식초를 넣고 1분 정도 더 끓여 양념장을 만든다.

3 용기에 풋마늘 대를 담고 뜨거운 양념장을 부은 다음,
   풋마늘 대가 양념장 위로 뜨지 않도록 눌러놓는다.

4 3일, 5일, 10일 후에 양념장만 따라내어 끓인 다음 식혀서 붓는다.
   냉장 보관하며 숙성시킨다.

풋고추 간장 장아찌와 풋마늘대를 같이 보관하면 맛이 더 잘 어우러진다.

알리신 성분이 항암 효과를 내는

마늘종 간장 장아찌

마늘종은 면역증강 작용, 항균, 항암 등 마늘의 효능을 고스란히 가지고 있으면서도
마늘보다는 향이 강하지 않아 밑반찬으로 활용하기가 좋다.
주로 연한 부분을 쪄서 먹거나 장아찌로 만들어 먹는다.

재료
마늘종 500g

절임액
물 6컵
식초 2컵
(물과 식초 비율 3:1)
소주 1컵

맛국물
멸치 20g
다시마 10×10cm 한 장
건고추 3개
양파 200g(중 1개)
물 4컵

양념장
맛국물 2컵
진간장 2컵
생강즙 2큰술
설탕 1.5컵
매실 발효액 1컵
청주 1/2컵

1 마늘종은 위아래의 억세고 불필요한 부분을 제거하고
깨끗이 씻는다. 절임액을 끓여서 그대로 마늘종에 부어
마늘종이 떠오르지 않도록 3~4일 둔다.

2 마늘종을 건져서 찬물에 씻고 물기를 제거한다.

3 맛국물 재료를 중불에서 끓여 맛국물 2컵을 만든다.
맛국물에 진간장, 설탕, 생강즙을 넣고 끓으면
매실 발효액, 청주를 넣고 1분 정도 더 끓여 양념장을 만든다.

4 용기에 마늘종을 담고 식힌 양념장을 부은 다음,
마늘종이 양념장 위로 뜨지 않도록 눌러준다.

5 5일, 10일 후에 양념장만 따라내어 끓인 다음 식혀서 붓는다.
냉장 보관하며 숙성시킨다.

==설탕, 참기름, 깨소금, 고추장 등으로 양념해서 먹는다.== ✎

머위 잎 간장 장아찌

《본초강목》에는 '머위 성질이 따뜻하며 맛은 달고 독이 없어
폐에 좋고 담을 삭이며 기침을 멎게 한다'라고 기록되어 있다.
머위는 꽃봉오리, 잎, 뿌리 전체를 약초로 사용하는데,
기침이 잦거나 기관지가 안 좋은 사람이 먹으면 좋다.
봄에 잎은 입맛을 돋우기 때문에 쌈으로 먹거나 양념에 재어 장아찌로 먹기도 한다.
방부 효과가 있어서 머위 잎을 함께 넣고 장아찌를 담그면 잡균이 번식하지 않는다.

재료
머위 500g

맛국물
다시마 5g
건표고버섯 2개
마늘 20g
생강 5g
건고추 3개
물 4컵

양념장
맛국물 2컵
진간장 1컵
국간장 1/2컵
설탕 1컵
청주 1/2컵
식초 1컵
생강즙 2큰술
매실 발효액 1컵

1 머위 잎은 연한 것으로 준비하고 깨끗이 씻어서 물기를 뺀다.

2 맛국물 재료를 중불에서 끓여 맛국물 2컵을 만든다.
맛국물에 진간장, 국간장, 설탕, 청주를 넣고 끓으면
식초, 생강즙, 매실 발효액을 넣고 1분 정도 더 끓여
양념장을 만든다.

3 양념장에 머위 잎을 적셔 켜켜이 담고 남은 양념장을 부은 후,
머위 잎이 양념장 위로 뜨지 않도록 눌러놓는다.

4 3일, 7일, 15일 후에 양념장만 따라내어 끓인 다음 식혀서 붓는다.
냉장 보관하며 숙성시킨다.

• 옛 문헌 속 장아찌 •

머위 장아찌

〈조선무쌍신식요리제법〉

머위줄기를 껍질을벗기고 팔분기리식잘라서 물에오래살마 물을따라버리고 가량
머위가한사발이면진장한보식이와 쑬이나설당이나 한보시기를 한데너코 장과설당이
다 조도록 만화로죠리면 빗은짜막코맛이달고 짭짤하야죠흐니 술안주에합당하니라
윈고추를씨빼서 대여섯개를너코 한테죠리면죠흐니 부대눌리지말고 자죠뒤집어죠리라

머위 줄기의 껍질을 벗기고 팔 분 길이씩 잘라 물에 오래 삶고 물을 따라 버린다. 대
략 머위가 한 사발이면 진간장 한 보시기와 꿀이나 설탕 한 보시기를 넣고 장과 설
탕이 다 졸도록 아주 약한 불에서 졸인다. 이렇게 하면 빛은 까맣고 맛이 달고 짭짤
하고 좋아 술안주로 적당하다. 통고추 씨를 빼서 5~6개 넣고 함께 졸이면 좋다. 눋
지 않도록 자주 뒤집어가며 졸인다.

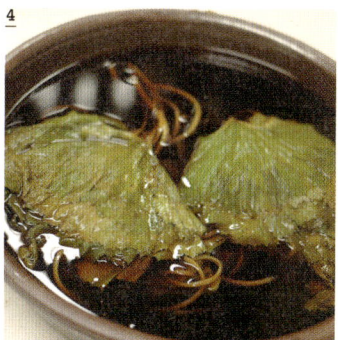

시원한 매운맛과 비타민 C 풍부한

무 간장 장아찌

무에는 여러 가지 소화 효소가 많기 때문에,
무를 많이 먹으면 속병이 없다는 말이 예부터 전해 내려온다.
시원하고 매운맛이 특징이며, 비타민 C가 풍부하게 들어 있다.
무의 영양소는 껍질 부분에 더 많으므로 껍질째 섭취하는 것이 좋다.
무는 항암 효과가 높으며, 면역력을 높이고 소화시키는 데 도움을 준다.
또한 이뇨 작용을 통한 숙취 해소 효과가 크다.
무의 매운맛은 겨자유 성분으로 전분 분해 효소인 디아스타제(diastase) 덕분에 숙취와 과식에 좋다.
그뿐만 아니라 무의 식이섬유는 유해 물질을 배출시키는 효과가 있어
숙취나 위가 거북할 때, 구역질이나 명치 언저리가 아플 때 무즙을 마시면 좋다.
또한 무에는 옥시다제(oxidase, 산화 효소)가 많이 함유돼 있는데,
이 효소는 발암 물질을 분해하는 작용을 하고,
암세포를 억제하는 리그닌(lignin)이라는 식물섬유도 함유돼 있다.

재료
무 5~6개

맛국물
양파 200g(중 1개)
마늘 70g
생강 20g
청주 1/2컵
건표고버섯 2개
건고추 3개
통후추 1/2큰술
물 4컵

양념장
맛국물 2컵
진간장 10컵
설탕 600g
청주 2컵
맛술 1.5컵
고추장 4큰술
물엿 3컵
생강즙 1/2컵

1 양파는 채로 썰고, 마늘과 생강은 편으로 썬다.
   건표고버섯, 건고추는 마른행주로 닦고 손으로 2~3등분한다.

2 기름을 두르지 않은 냄비에서 양파가 타지 않게 잘 볶는다.

3 나머지 맛국물 재료를 넣고 끓여 맛국물 2컵을 만든다.
   맛국물에 양념장 재료를 모두 넣어 끓인다.

4 무는 반으로 가르고 길이로 3등분해 6조각을 낸다.
   조각 낸 무를 그늘에서 1~2일 정도 시들하게 말린다.

5 큰 냄비에 양념장을 끓이고 불을 끈 후 뜨거운 양념장에
   무를 넣어 그대로 식힌다.

6 무를 건져내고 양념장만 끓인 다음 뜨거운 양념장에 무를 넣어
   그대로 식힌다.

7 양념장만 끓여서 무를 넣는 과정을 10회 정도 반복한 후
   냉장 보관하며 숙성시킨다.

   오래 보관하려면 무에 간장 맛이 들고 남은 간장에 무를 넣어 냉장 보관한다.
   고추장, 된장과 버무려 냉장 보관 숙성하면 다양한 장아찌로 활용할 수 있다.

시들해진 무는 처음에는 3번 정도로 나누어서 넣을 양이지만,
나중에는 한 냄비에 다 들어간다.

무청 간장 장아찌

겨울철에 모자라기 쉬운 비타민과 미네랄 식이섬유가 풍부해
건강에 좋은 무청은 줄기가 연하고 푸른 빛을 띠는 게 좋다.
김치로 담가 먹기도 하지만 장아찌 재료로도 손색이 없다.

재료
무청 시래기 1kg
청양고추 10개

맛국물
다시마 10×10cm 한 장
양파 200g(중 1개)
건고추 3개
마늘 30g
생강 10g
건표고버섯 2개
통후추 1작은술
물 4컵

양념장
맛국물 2컵
국간장 3큰술
진간장 1컵
설탕 1컵
된장 2큰술
생강즙 5큰술
식초 1/2컵
청주 1/2컵
매실 발효액 1컵

1 삶은 무청 시래기를 준비해 끓는 물에 살짝 데친 후 찬물에 헹구고 껍질을 벗긴다. 청양고추는 씻은 후 1cm 길이로 썬다.

2 무청 시래기는 채반에 널어 물기를 제거한다.

3 맛국물 재료를 중불에서 끓여 맛국물 2컵을 만든다. 맛국물에 국간장, 진간장, 설탕을 넣고 2분 정도 끓으면 된장, 생강즙, 식초, 청주, 매실 발효액을 넣고 1~2분 더 끓여 양념장을 만든다.

4 용기에 무청 시래기와 청양고추를 담고 끓는 양념장을 부은 다음, 건더기가 양념장 위로 뜨지 않도록 눌러놓는다.

5 3일, 7일, 10일 후에 양념장만 따라내어 끓인 다음 식혀서 붓는다. 냉장 보관하며 숙성시킨다.

무청 시래기 장아찌는 다진 파, 다진 마늘, 설탕, 깨소금 등으로 양념해서 먹기도 한다.

마른 무청 시래기를 사용할 때는 시래기가 충분히 잠기도록 물을 부어 불린다. 중약불에서 뚜껑을 반쯤 열고 부드러워질 때까지 30~40분 삶는다. 삶은 뒤 냄비째 그대로 식혀야 시래기가 부드럽다. 된장은 시래기의 군내를 없애는 데 도움이 된다.

꼬득꼬득한 식감이 좋은

무채 간장 장아찌

흔히 무채는 무생채나 무채무침을 떠올리지만 무채를 장아찌로 만들어도 훌륭한 밑반찬이 된다.

재료
무 2kg
청양고추 10개

절임용
소금 2큰술
물엿 1컵

맛국물
멸치 15g
다시마 10×10cm 한 장
마늘 30g
생강 10g
건고추 3개
물 4컵

양념장
맛국물 2컵
설탕 2컵
진간장 1컵
국간장 1/2컵
생강즙 2큰술
식초 1컵
매실 발효액 1컵

1 무는 깨끗이 씻은 다음 6cm 길이에 나무젓가락 굵기로 채를 썰고,
청양고추도 씻어 1cm 길이로 썬다.
굵게 채 썬 무에 절임용 소금을 넣고 골고루 섞어 1시간 정도 둔다.

2 소금에 절인 무에 물엿 1컵을 넣고 버무려 3~4시간 절인 다음
체에 밭쳐 물기를 꼭 짠 후 채반에 넣어 살짝 말린다.

3 마늘과 생강은 편으로 썰고, 나머지 맛국물 재료와 함께
중불에서 끓여 맛국물 2컵을 만든다.
맛국물에 설탕, 진간장, 국간장을 넣고 끓으면
생강즙, 식초, 매실 발효액을 넣고 다시 끓여 양념장을 만든다.

4 용기에 말린 무와 청양고추를 담고 뜨거운 양념장을 부어 섞는다.

5 5일, 10일, 15일 후에 양념장만 따라내어 끓인 다음 식혀서 붓는다.
냉장 보관하며 숙성시킨다.

그냥 먹거나 참기름, 통깨, 물엿 등으로 양념해서 먹는다.

해독 작용 뛰어나 간의 독 풀어주는

미나리 간장 장아찌

습지인 밭이나 논에서 많이 재배하며, 밭에서 재배한 것을 돌미나리라고 한다.
돌미나리는 일반 미나리보다 향이 진하고 혈압 강하에 좋은 기능성 채소다.
미나리는 비타민 A·C와 칼슘·철분·베타카로틴·엽산 등 무기질이 풍부한 알칼리성 식품이다.
해독 작용이 뛰어나 몸속의 나쁜 물질을 배설시키며, 혈액을 정화하는 데 도움이 되고,
간의 독을 풀어주는 것으로 알려져 있다.

재료
미나리 1kg

맛국물
다시마 10×10cm 한 장
양파 100g(중 1/2개)
건고추 2개
마늘 20g
생강 5g
건표고버섯 2개
물 4컵

양념장
맛국물 2컵
진간장 1컵
국간장 1컵
설탕 2컵
식초 1.5컵
청주 1/2컵

1 봄에 줄기가 붉은 돌미나리를 준비한다.
잎을 제거하고 넉넉한 물에 잘 씻어 물기를 제거한다.

2 맛국물 재료를 중불에서 끓여 맛국물 2컵을 만든다.
맛국물에 진간장, 국간장, 설탕을 넣고 끓으면
식초와 청주를 넣고 1분 정도 더 끓여 양념장을 만든다.

3 식은 양념장에 미나리를 적셔 켜켜이 담고 남은 양념장을
부은 후, 미나리가 양념장 위로 뜨지 않도록 눌러놓는다.

4 3일, 7일, 10일 후에 양념장만 따라내어 끓인 다음
식혀서 붓는다. 냉장 보관하며 숙성시킨다.

방울양배추 간장 장아찌

방울양배추는 '미니양배추'라고도 하며 16세기부터 벨기에 브뤼셀에서 재배해
'브뤼셀 스프라우트(Brussels Sprouts)'라고도 한다.
긴 줄기에 작은 알맹이가 다닥다닥 붙어 자라는 것이 특징이다.
양배추를 그대로 축소해 놓은 듯 동그란 모양이 귀엽고 한입에 쏙 들어가는 크기다.
방울 양배추는 잎이 얇아 식감이 부드럽고 단맛이 난다.
비타민 A, 비타민 C 함량이 높고, 칼슘 성분도 많아 골다공증 예방 효과가 있다.
섬유질이 풍부해 포만감을 높여 주므로 다이어트에도 도움을 준다.
단백질, 비타민 등이 풍부하고 항산화 작용, 항암 기능, 항염증 기능 등
양배추의 영양을 그대로 갖추면서 함량이 더 높다.

재료
방울양배추 1kg
청양고추 10개
홍고추 5개

맛국물
양파 100g(중 1/2개)
건고추 2개
마늘 20g
건표고버섯 2개
다시마 10×10cm 한 장
물 6컵

양념장
맛국물 3컵
진간장 1컵
국간장 3큰술
설탕 1.5컵
식초 1컵
매실 발효액 2컵

1 방울양배추는 깨끗이 씻어 반으로 자른다.
청양고추와 홍고추는 반으로 갈라 3cm 길이로 썰고
씨는 대강 제거한다.

2 맛국물 재료를 넣고 끓으면 약불로 줄여 10분 정도 끓여서
맛국물 3컵을 만든다. 맛국물에 진간장, 국간장, 설탕을 넣고
끓으면 식초, 매실 발효액을 넣고 1분 정도 더 끓여
양념장을 만든다.

3 용기에 방울양배추, 청양고추, 홍고추를 담고
뜨거운 양념장을 붓는다.

4 2~3일 후에 양념장만 따라내어 끓인 다음 식혀서 붓는다.
냉장 보관하며 숙성시킨다.

간장
장아찌

고단백 저칼로리 건강식품

버섯 간장 장아찌

버섯은 식이섬유, 비타민, 철, 아연 등 무기질과 단백질이 풍부한 고단백 저칼로리 건강식품이다.
버섯에는 식이섬유가 40%나 들어 있어 장내의 유해물, 노폐물, 발암 물질을 배설시키고
칼로리가 낮아 다이어트에 도움을 주며 혈액을 정화한다.
또한 생리활성 물질이 많아 건강을 증진하고 면역 기능을 높여 감염이나 암을 예방하는 효능이 있다.

재료
건표고버섯 3개
새송이버섯 300g
느타리버섯 100g
청고추 2개
홍고추 1개

데치기
물 1L
소금 1큰술

맛국물
멸치 15g
마늘 20g
생강 5g
건고추 3개
다시마 10×10cm 한 장
물 4컵

양념장
맛국물 2컵
진간장 3큰술
국간장 1큰술
설탕 3큰술
생강즙 1큰술
식초 1큰술
청주 1/2컵

1 건표고버섯은 깨끗이 씻고 찬물에 30분 정도 불려 1cm 크기로 썬다. 새송이버섯과 느타리버섯도 비슷한 크기로 썬다. 청고추와 홍고추는 깨끗이 씻고 비슷한 크기로 썬다.

2 끓는 소금물에 새송이버섯과 느타리버섯을 넣고 살짝 데쳐 건진다.

3 맛국물 재료를 중불에서 끓여 맛국물 2컵을 만든다. 맛국물에 진간장, 국간장, 설탕, 생강즙을 넣고 끓으면 식초, 청주를 넣고 1분 정도 더 끓여 양념장을 만든다.

4 용기에 버섯, 청고추, 홍고추를 넣고 식힌 양념장을 부은 다음, 건더기가 양념장 위로 뜨지 않도록 눌러놓는다.

5 3일, 7일 후에 양념장만 따라내어 끓인 다음 식혀서 붓는다. 냉장 보관하며 숙성시킨다.

버섯은 수분을 흡수하므로 오래 두지 말고 2~3주 안에 먹는 것이 좋다.

영양가 높고 독특한 향미가 있는

부추 간장 장아찌

부추는 지방에 따라 부채, 부초, 솔, 정구지, 졸이라고 부르기도 한다.
부추는 영양가가 높고 독특한 향미가 있으며, 소화 작용을 돕는 채소로
베타카로틴, 비타민 C, B_1을 함유하고 있어 암을 예방하고 노화를 억제하는 효과가 크다.
부추의 독특한 냄새 성분은 유황 화합물로, 그 속에 있는 알리신 성분은 비타민 B_1의 흡수를 돕는 역할을 한다.
부추는 입맛을 돋우고, 혈액 순환을 원활하게 하며, 피로 해소에 도움을 주고, 마늘과 비슷한 강장 효과가 있다.

재료
부추 1kg

맛국물
멸치 20g
다시마 10×10cm 한 장
양파 100g(중 1/2개)
건고추 3개
마늘 30g
생강 10g
물 5컵

양념장
맛국물 3컵
진간장 1.5컵
국간장 1/2컵
설탕 1컵
식초 1컵
청주 1/2컵
매실 발효액 1컵
고추장 3큰술

1 부추는 굵은 것으로 준비해 손질한 후 깨끗이 씻어 물기를
제거한다.

2 맛국물 재료를 중불에서 끓여 맛국물 3컵을 만든다.
맛국물에 진간장, 국간장, 설탕을 넣고 끓으면 식초, 청주,
매실 발효액, 고추장을 넣고 1분 정도 더 끓여 양념장을 만든다.

3 용기에 부추를 담고 뜨거운 양념장을 부은 다음,
부추가 양념장 위로 뜨지 않도록 눌러놓는다.

4 3일, 7일, 10일 후에 양념장만 따라내어 끓인 다음
식혀서 붓는다. 냉장 보관하며 숙성시킨다.

==양념장을 꼭 짠 후 참기름, 깨소금 등으로 양념해서 먹는다.==

약간 말린 부추를 된장이나 고추장에 박아 두었다가
간이 배면 양념해서 먹기도 한다.

브로콜리 간장 장아찌

브로콜리는 미국 〈타임〉지가 선정한 10대 건강식품으로, 원산지는 이탈리아이며 양배추의 변종이다.
레몬의 2배에 달하는 비타민 C가 함유되어 있고 비타민 A를 비롯하여 B₁, B₂, 칼륨, 인, 칼슘 등의 미네랄도 풍부하다.
브로콜리에 포함되어 있는 비타민 U는 위장을 튼튼하게 해주고 만성 위염과 위궤양을 예방하고 개선하는 효과가 크다.
노화를 촉진하는 활성산소를 중화하고 해독 작용과 강력한 항암 작용을 하며, 각종 성인병 예방에 효과적이다.

재료
브로콜리 2송이
홍고추 3개
청양고추 2개
마늘 50g
생강즙 2큰술

데치기
물 2L
소금 1큰술

양념장
소금 3큰술
진간장 3큰술
물 3컵
설탕 1.5컵
식초 1.5컵

1 　브로콜리는 작은 송이로 잘라주고, 기둥은 잘 씻어 얇게 저민다.
　　끓는 소금물에 브로콜리를 넣었다가 바로 건져 찬물에 헹구고
　　물기를 제거한다.

　　항암 식품으로 잘 알려진 브로콜리는 비타민 C가 레몬의 두 배로,
　　감기 예방과 피부 건강에 효과적인 식품이다.
　　데칠 때 끓는 물에 소금을 약간 넣고 줄기부터 넣으면
　　비타민 C의 손실을 줄일 수 있다.

2 　마늘은 편으로 썰고 홍고추, 청양고추도 썬다.

3 　양념장 재료를 끓여 양념장을 만든다.

4 　용기에 브로콜리, 홍고추, 청양고추, 마늘, 생강즙을 담고
　　식힌 양념장을 부은 다음, 건더기가 양념장 위로 뜨지 않도록
　　눌러놓는다.

5 　3일, 7일, 15일 후에 양념장만 따라내어 끓인 다음 식혀서 붓는다.
　　냉장 보관하며 숙성시킨다.

당뇨에 좋은

뽕잎 간장 장아찌

한의학에서 '상엽'이라고 불리며 노화와 암 예방에도 효과가 있는 뽕잎은
콩보다 더 많은 단백질을 함유한 것으로 알려져 있다.
독소배출과 피부 미용, 치매 예방에도 좋은 뽕잎을 장아찌로 만들어
일상적으로 먹는다면 맛과 건강을 동시에 챙길 수 있다.

재료
뽕잎 500g

맛국물
마늘 20g
생강 5g
건고추 3개
건표고버섯 2개
양파 100g(중 1/2개)
물 3컵

양념장
맛국물 1컵
진간장 1컵
설탕 1컵
식초 2/3컵
청주 1/2컵
매실 발효액 1컵

1 봄철에 뽕잎을 준비하고 깨끗이 씻어 물기를 제거한다.

2 맛국물 재료를 중불에서 끓여 맛국물 1컵을 만든다.
맛국물에 진간장, 설탕을 넣고 끓으면
식초, 청주, 매실 발효액을 넣고 1분 정도 더 끓여
양념장을 만든다.

3 용기에 뽕잎을 담고 뜨거운 양념장을 부은 다음,
뽕잎이 양념장 위로 뜨지 않도록 눌러놓는다.

4 2일, 5일, 10일, 15일 후에 양념장만 따라내어 끓인 다음
식혀서 붓는다. 냉장 보관하며 숙성시킨다.

간장
장아찌

살균 효과 뛰어난

산마늘(명이나물) 간장 장아찌

산마늘은 잎이 좁은 강원도 산마늘과 잎이 넓은 울릉도 산마늘이 있다.
뿌리, 뿌리줄기, 새싹, 잎, 봉오리 등 전체를 먹는데, 번식력이 약하므로 뿌리와 줄기는 뽑지 않고 그냥 두는 것이 좋다.
장을 튼튼하게 하고 자양 강장에도 좋은 산채다.
산마늘은 위염과 심장 질환에 약으로 이용해왔으며, 살균 작용도 인정받고 있다.
최근에는 식중독균을 억제하는 효과가 있는 것으로 밝혀졌다.

재료
산마늘 500g

맛국물
멸치 10g
다시마 10×10cm 한 장
건표고버섯 2개
건고추 2개
생강 5g
물 4컵

양념장
맛국물 2컵
진간장 2/3컵
국간장 1/2컵
설탕 1/2컵
식초 1/2컵
청주 1/2컵
매실 발효액 1/2컵

1 산마늘은 깨끗이 씻어 물기를 제거한다.

2 맛국물 재료를 중불에서 끓여 맛국물 2컵을 만든다.
맛국물에 진간장, 국간장, 설탕을 넣고 끓으면
식초, 청주, 매실 발효액를 넣고 1분 정도 더 끓여
양념장을 만든다.

3 용기에 산마늘을 담고 뜨거운 양념장을 부은 다음,
산마늘이 양념장 위로 뜨지 않도록 눌러놓는다.

4 3일, 7일, 10일 후에 양념장만 따라내어 끓인 다음
식혀서 붓는다. 냉장 보관하며 숙성시킨다.

고기 요리와 같이 먹으면 좋다 ✎

인삼 향 가득한 건강식품

새싹 인삼 간장 장아찌

인삼 향 가득한 새싹 인삼은 사포닌이 많이 함유된 뿌리와 잎 등 전체를 이용할 수 있다.
일반 채소처럼 활용하면서 약용 효과를 볼 수 있는 기능성 식품이어서
비빔밥과 샐러드, 쌈채, 장아찌 등으로 활용도가 높다.

재료
새싹 인삼 500g

맛국물
멸치 15g
다시마 10×10cm 한 장
마늘 20g
생강 5g
건표고버섯 2개
건고추 2개
물 4컵

양념장
맛국물 2컵
국간장 1/4컵
진간장 1/2컵
청주 1/2컵
식초 1컵
매실 발효액 1컵
설탕 1컵
소금 2큰술

1 새싹 인삼은 깨끗이 씻고 물기를 제거한다.

2 맛국물 재료를 중불에서 끓여 맛국물 2컵을 만든다.
맛국물에 양념장 재료를 넣고 끓여 양념장을 만든다.

3 용기에 새싹 인삼을 담고 뜨거운 양념장을 붓는다.

4 3일, 7일, 10일 후에 양념장만 따라내어 끓인 다음
식혀서 붓는다. 냉장 보관하며 숙성시킨다.

40년쯤 만난 절친한 친구의 남편이 포천으로 귀촌해
새싹 인삼을 비롯한 여러 약초들을 시험 재배한다.
아직 재배 기술은 서툰데 마음만 앞서는 남편을 묵묵히 지켜보던
친구가 새싹 인삼을 장아찌로 만들어보라면서 건네줬다.
덕분에 나는 새싹 인삼으로 만든 장아찌와 가지밥을
가까운 지인들과 나누었다.

산초 열매 간장 장아찌

산초는 약용과 식용으로 두루 쓰이는 식재료다. 민간요법으로는 열매나 나무껍질, 잎을 말려 가루로 내어
밀가루와 반죽해 헝겊에 발라 붙이면 유선염과 종기, 타박상에 좋다고 전한다.
천초, 화초라고도 하며 복부의 찬 기운으로 인한 복통, 설사와 치통, 천식, 요통에 쓰고 살충 작용이 있다.
또 치질에 산초 달인 물로 씻으면 효과가 있다고 한다.
산초 달인 물을 마시면 두통과 기침을 멈추게 하며, 입에 물고 있으면 충치의 아픔도 멈춘다고 한다.
열매가 파랗고 껍질이 벗겨지지 않았을 때 장아찌나 차로 이용하는데, 사찰의 대표적인 저장 식품이다.

재료
산초 열매 1kg

맛국물
건표고버섯 3개
다시마 10×10cm 한 장
생강 5g
건고추 3개
물 4컵

양념장
맛국물 2컵
진간장 1컵
국간장 1/2컵
설탕 1컵
식초 1컵
청주 1/2컵
매실 발효액 1컵

1 산초는 열매가 여물지 않아 파랗고 껍질이 벗겨지지 않은 것으로
준비한다. 산초를 송이째 깨끗이 씻고 스테인리스 그릇에
담은 다음 끓는 물을 부어 5~6시간 담근다.

2 채반에 널어 물기를 제거한다.

3 맛국물 재료를 중불에서 끓여 맛국물 2컵을 만든다.
맛국물에 진간장, 국간장, 설탕을 넣고 끓으면
식초, 청주, 매실 발효액을 넣고 1분 정도 더 끓여 양념장을 만든다.

4 용기에 산초를 담고 식힌 양념장을 부은 다음,
산초가 양념장 위로 뜨지 않도록 눌러놓는다.

5 5일, 10일, 15일 후에 양념장만 따라내어 끓인 다음 식혀서 붓는다.
냉장 보관하며 숙성시킨다.

열매를 식초 희석액에 담가 매운맛을 없앤 후 양념장을 넣기도 한다.
산초 장아찌는 그대로 먹기도 하지만 멸치 볶을 때, 생선을 조릴 때
넣어도 좋다.

양파 간장 장아찌

대표적인 양념 채소 중 하나인 양파는 수분이 전체의 90%를 차지하지만
단백질, 탄수화물, 비타민 C, 칼슘, 인, 철 등의 영양소를 다량 함유하고 있다.
일반적으로 매운맛이 주를 이루지만 열을 가하면 설탕의 50배에 이르는 단맛 성분이 형성되는 것이 특징이다.
최근에는 양파가 혈액 속 콜레스테롤 농도를 저하시키며 심장 혈관의 혈류량을 증가시킨다 하여
성인병 예방 식품으로 각광받고 있다.

재료
장아찌용 양파 1kg
건고추 5~6개

맛국물
다시마 10×10cm 한 장
물 1.5컵

양념장
맛국물 1컵
진간장 1.5컵
설탕 1.5컵
식초 1.5컵
매실 발효액 1.5컵

1   장아찌용 양파는 그대로 사용하고, 큰 양파는 4~6등분한다.
    건고추는 마른행주로 닦은 다음 2등분한다.

2   찬물 1.5컵에 다시마를 넣고 냉장고에서 하루 정도 우려내
    맛국물 1컵을 만든다. 여기에 진간장, 설탕을 넣고 끓으면
    식초, 매실 발효액을 넣어 1분 정도 더 끓여 양념장을 만든다.

3   용기에 양파와 건고추를 담고 식힌 양념장을 부은 다음,
    건더기가 양념장 위로 뜨지 않도록 눌러놓는다.

4   3일, 7일, 15일 후에 양념장만 따라내어 끓인 다음 식혀서 붓는다.
    냉장 보관하며 숙성시킨다.

    양파가 위로 떠오르므로 병에 보관하는 것이 좋으며,
    양파를 잘라서 담그면 빨리 먹을 수 있다.

식물성 인슐린으로 불리는

여주 간장 장아찌

여주는 쓴맛이 특징이며, 수분이 풍부하고 비타민 C와 무기질도 풍부하다.
또한 카란틴 성분은 식물성 사포닌의 일종으로 췌장의 기능을 활발하게 해서 인슐린 분비를 촉진하고 혈당을 낮춰준다.
그래서 '식물성 인슐린'이라는 애칭을 가지고 있다.
카란틴 성분은 부작용이 없으며 간세포의 나쁜 콜레스테롤 LDL을 제거하고,
인슐린 분비를 강화해 호르몬 시스템을 정상화하기 때문에 당뇨에 좋다.

재료
여주 500g

절임액
소금 1큰술
설탕 3큰술
물 5컵

맛국물
멸치 10g
다시마 10×10cm 한 장
양파 200g(중 1개)
건고추 1개
건표고버섯 2개
마늘 20g
생강 5g
물 3컵

양념장
맛국물 1컵
진간장 1컵
설탕 1컵
식초 1컵
매실 발효액 1컵
청주 1/2컵

1 여주는 너무 익지 않은 것을 준비한다. 깨끗이 씻고 길게
반으로 잘라 씨와 속을 제거한 다음 0.5cm 두께로 썬다.
절임액에 여주를 넣고 12시간 정도 두어 쓴맛을 제거한다.

2 맛국물 재료를 중불에서 끓여 맛국물 1컵을 만든다.
맛국물에 진간장, 설탕을 넣고 끓으면
식초, 매실 발효액, 청주를 넣고 1분 정도 더 끓여
양념장을 만든다.

3 용기에 여주를 담고 뜨거운 양념장을 부은 다음,
여주가 양념장 위로 뜨지 않도록 눌러놓는다.

4 3일, 7일, 15일 후에 양념장만 따라내어 끓인 다음
식혀서 붓는다. 냉장 보관하며 숙성시킨다

위를 보호하고 소염 작용에 좋은

연근 간장 장아찌

연은 뿌리, 씨, 잎, 줄기, 꽃술, 꽃봉오리 등 전체를 약으로 사용한다.
연의 뿌리인 연근은 염증 완화와 소염 작용을 한다.
탄닌, 뮤신 성분은 위 점막을 보호하는 효과가 있기 때문에 매운 음식과 함께 먹으면 위를 보호해준다.
또한 육류와 생선의 비린내와 잡내, 기름기를 없애준다.

재료
연근 1kg

양념장
진간장 1컵
맛술 1.5컵
물엿 1.5컵
설탕 1컵
생강즙 3큰술
고추장 3큰술
식초 1/2컵

1 너무 굵지 않은 연근을 준비해 껍질을 벗기지 말고
   칼등으로 긁은 후 씻어서 0.2~0.3cm 두께로 썬다.

2 기름을 두르지 않은 팬에 연근을 골고루 놓고 볶은 후
   넓은 그릇에 펼쳐 식힌다.

3 양념장 재료를 중불에서 5~6분 끓여 양념장을 만든다.

4 용기에 연근을 담고 식힌 양념장을 부은 다음 냉장 보관한다.

5 15일 후에 양념장만 따라내어 끓인 다음 식혀서 붓는다.
   냉장 보관하며 숙성시킨다.

꼬들꼬들한 식감과 상쾌한 맛이 좋은

오이 간장 장아찌

수분이 많고 아삭한 식감과 독특한 향을 가진 오이는 특히 여름철에 많이 찾는 건강 식재료이다.
다양한 요리에 활용되지만 식초가 들어가는 간장 장아찌를 만들어 먹으면 영양과 맛을 모두 취할 수 있다.

재료
오이 5개
마늘 10쪽
소금 2큰술

맛국물
멸치 20g
다시마 5g
양파 100g(중 1/2개)
건고추 2개
마늘 30g
생강 5g
물 5컵

양념장
맛국물 2컵
진간장 1/2컵
설탕 1/2컵
생강즙 1큰술
식초 1/2컵

1 오이는 소금으로 문질러 씻어 4~5cm 길이로 썰고,
마늘은 편으로 썬다.

2 오이에 소금 2큰술을 넣어 1시간 정도 절인 후 끓는 물을 부어
2분 정도 두었다가 찬물에 헹군다. 체에 밭쳐 물기를 제거한다.

3 맛국물 재료를 중불에서 끓여 맛국물 2컵을 만든다.
맛국물에 진간장, 설탕, 생강즙을 넣고 끓으면
식초를 넣고 1분 정도 더 끓여 양념장을 만든다.

4 용기에 오이와 마늘을 담고, 식힌 양념장을 붓는다.

5 양념장을 넣고 3일, 7일, 10일 후에 양념장만 따라내어
끓인 다음 식혀서 붓는다. 냉장 보관하며 숙성시킨다.

2-1

2-2

4

오갈피 잎 간장 장아찌

오갈피는 두릅나뭇과에 속하고, 오가피라고도 한다.
잎, 열매, 뿌리를 모두 식용과 약용으로 쓴다.
오갈피는 면역 기능을 좋게 하고,
신장의 사구체 및 뇌세포의 번조를 활성화하기 때문에 어린이의 성장 발육에 좋다.
오갈피나무에 다량 함유되어 있는 아긴토사이드, 치사노사이드와 사포닌 등은
간 조직의 손상을 막고 독성 물질을 몸 밖으로 내보내는 해독 작용을 하며 피로 해소를 돕는다.
또한 식욕을 증진하고, 스트레스로 인한 정신 신경계의 흥분을 억제한다.

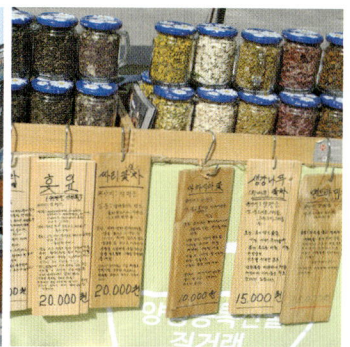

3, 8일로 끝나는 날에 열리는 양평장은 장의중앙선을 타고 가면 쉽게 갈 수 있으며 꽤 규모가 크다.
농부가 직접 재배해 가져오는 곡식뿐 아니라 봄에는 다양한 나물들이 나를 설레게 한다.
봄날의 양평장은 산야초가 풍성해 어찌나 사랑스러운지 마음까지 풍성하게 만든다.
해마다 봄이 오면 양평 장을 찾아 쌉싸름한 뒷맛이 입맛을 당기는 오갈피 어린잎을 사다가 장아찌를 담근다.
제2의 인삼이라 불리는 오갈피로 담근 장아찌와 밥 한 그릇이면 잃었던 입맛도 살아난다.

재료
오갈피 어린잎 1kg

데치기
물 2L
소금 2큰술

절임액
간장 3큰술
물엿 1컵

양념장
진간장 1컵
맛술 1/2컵
설탕 1/2컵
청주 1/2컵
생강즙 3큰술
고추장 3큰술
식초 3큰술
매실 발효액 1컵

1 오갈피 잎은 잘 손질해 깨끗이 씻는다.
끓는 소금물에 오갈피를 3~4번 나누어 넣어 데친 다음
찬물에 헹구고 물기를 짠다.

2 간장과 물엿을 섞어 만든 절임액에 버무려 하루 정도 둔다.

3 절임액을 꼭 짜서 버리고, 오갈피를 채반에 널어
바람이 잘 통하는 곳에서 꾸덕꾸덕해질 때까지 말린다.

4 진간장, 맛술, 설탕, 청주, 생강즙을 넣고 끓으면 고추장,
식초, 매실 발효액을 넣고 1분 정도 더 끓여 양념장을 만든다.

5 용기에 말린 오갈피를 담고 식힌 양념장을 부은 다음,
오갈피가 양념장 위로 뜨지 않도록 눌러놓는다.

6 10일, 20일 후에 양념장만 따라내어 끓인 다음 식혀서 붓는다.
냉장 보관하며 숙성시킨다.

꾸덕꾸덕하게 말린 오갈피를 고추장 양념에 넣어 숙성시켜도 좋다.

아삭아삭 건강한 밑반찬

우엉 간장 장아찌

우엉은 아삭아삭 씹는 맛이 좋아 조림, 찜, 무침, 튀김 등 다양하게 활용된다.
쫄깃하면서도 아삭한 식감과 독특한 향이 있으므로
길게 썰어 김밥 속 재료로 사용하기도 하며, 전골이나 찌개에 넣어 먹으면 구수한 맛을 더한다.
풍부한 섬유소가 배변을 촉진해 다이어트에 효과적이기 때문에 우엉차로 즐기는 사람도 많다.

재료
우엉 1kg
청·홍고추 5개

맛국물
다시마 10×10cm 두 장
양파 100g(중 1/2개)
건고추 2개
마늘 20g
생강 5g
건표고버섯 2개
물 5컵

양념장
맛국물 2컵
진간장 1.5컵
설탕 1.5컵
물엿 1.5컵
청주 1/2컵
생강즙 3큰술
식초 1컵

1 너무 굵지 않은 우엉을 준비해 껍질을 벗기지 말고 칼등으로 긁은 후 씻는다. 4~5cm 정도의 길이로 굵게 채 썰고 청·홍고추는 씨를 제거하여 채 썬다.

우엉의 껍질에는 콜레스테롤을 낮추고 심장병과 암을 예방하는 사포닌이 들어 있으므로 되도록 껍질을 함께 먹는 것이 좋다.

2 기름을 두르지 않은 팬에 우엉을 살짝 볶은 후 넓은 그릇에 펼쳐놓아 식힌다.

3 맛국물 재료를 중불에서 끓여 맛국물 2컵을 만든다. 맛국물에 식초를 제외한 양념장 재료를 넣고 끓으면 식초를 넣고 1분 정도 더 끓여 양념장을 만든다.

4 용기에 우엉과 고추를 담고 식힌 양념장을 부은 다음 냉장 보관한다.

5 15일 후에 양념장만 따라내어 끓인 다음 식혀서 붓는다. 냉장 보관하며 숙성시킨다.

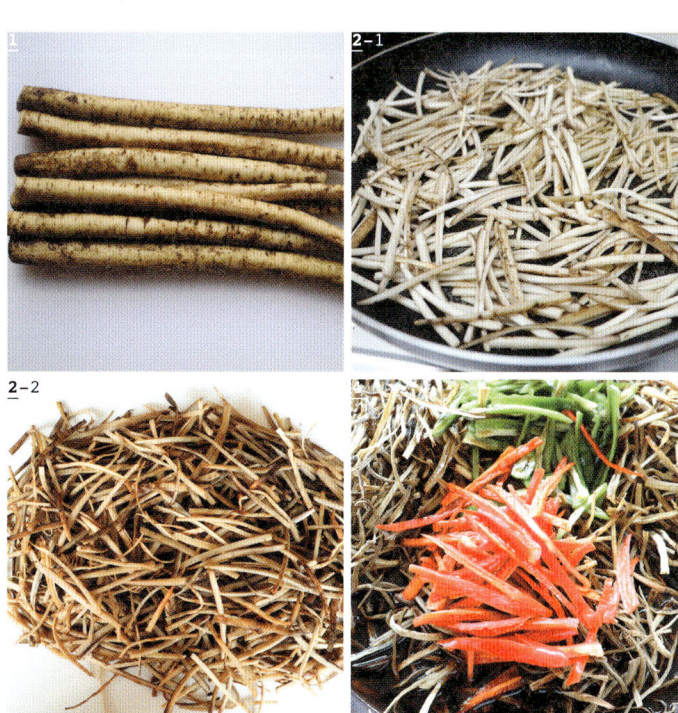

간장
장아찌

단백질 · 타우린 풍부한 보양 재료

전복 간장 장아찌

전복은 단백질과 함께 철, 인, 요오드 등 무기질과 비타민이 풍부하다.
또 타우린 성분도 많이 들어 있어 간장 해독 기능을 강화하고 콜레스테롤 저하와 심장 기능 향상 등 다양한 효능이 있다.
말린 전복은 시력 회복에 효과적이다. 전복 껍질은 석결명이라 하여 결막염과 백내장 등에 요긴하게 쓰인다.
복이 타거나 가슴이 저미는 증상을 해소하고 간장 기능을 강화한다.
몸이 허약할 때 전복을 끓여 먹으면 기운이 나며, 소변이 잘 나오게 되고, 황달이나 방광염에도 도움을 준다.

재료
전복 중간 크기 10개 정도
청주 2큰술

맛국물
멸치 20g
다시마 10×10cm 한 장
양파 100g(중 1/2개)
건고추 3개
마늘 35g
생강 15g
통후추 1작은술
물 5컵

양념장
전복 삶은 물 2컵
청주 1/2컵
진간장 1/2컵
설탕 1/2컵

1 전복은 솔을 이용해 껍데기까지 깨끗이 씻은 다음 청주를 끼얹는다.

2 맛국물 재료를 중불에서 끓여 맛국물 3컵을 만든다. 맛국물에 전복을 넣고 아주 약한 불에서 40분 정도 익힌 다음 전복을 건지고 국물은 체에 거른다.

3 전복을 껍데기에서 분리해 내장과 입을 제거한다.

4 양념장 재료를 끓여 양념장을 만든다.

5 용기에 전복을 담고 식힌 양념장을 붓는다.

6 3일 후에 양념장만 따라내어 끓인 다음 식혀서 붓는다. 냉장 보관하며 숙성시킨다.

오래 보관하려면 전복과 양념장을 분리해서 냉동한다.

전호나물 간장 장아찌

전호나물은 다른 식물들이 모두 잎을 거둘 시기인 10월경에 싹을 틔워
'눈 속에서 자라고, 눈 속에서 채취하는 나물'이라 귀하게 여긴다.
향이 아주 좋은 전호나물은 천식, 발열, 해수, 두통을 낫게 하고, 기침 가래약, 해열제, 진통제로도 쓰인다.
또 칼슘과 칼륨, 비타민 C를 다량 함유하고 있어 피를 맑게 한다.

재료
전호나물 500g

맛국물
다시마 10×10cm 한 장
양파 100g(중 1/2개)
마늘 15g
생강 5g
건고추 1개
물 3컵

양념장
맛국물 1컵
진간장 1컵
설탕 1/2컵
식초 1/2컵
청주 1/2컵
매실 발효액 1컵

1 전호나물을 깨끗이 씻고 물기를 제거한다.

2 맛국물 재료를 중불에서 끓여 맛국물 1컵을 만든다.
맛국물에 진간장, 설탕을 넣고 끓으면 식초, 청주, 매실 발효액을
넣고 1분 정도 더 끓여 양념장을 만든다.

3 용기에 전호나물을 담고 식힌 양념장을 부은 다음,
전호나물이 양념장 위로 뜨지 않도록 눌러놓는다.

4 5일, 10일, 15일 후에 양념장만 따라내어 끓인 다음
식혀서 붓는다. 냉장 보관하며 숙성시킨다.

뒷맛이 달고 식감이 오독오독한 해조류

지누아리 간장 장아찌

지누아리는 주로 강릉이나 속초 등 동해안 지역에서 볼 수 있는 해조인데,
약간 말려서 간장이나 고추장에 넣어 장아찌로 먹는다.
절임 장류의 향과 맛까지 배어들어 짭조름한 풍미가 뛰어나고,
뒷맛이 달고 식감이 오독오독하며 미끈한 해조 본연의 맛이 돋보인다.
물에 불리면 해조류 특유의 끈적이는 점액질이 나오며,
식이섬유소인 알긴산을 함유해 변비 완화, 숙변 해소 등 대장 기능을 개선하고,
불필요한 지방과 콜레스테롤, 중금속, 유해 물질을 배출시킨다.

강릉의 지인에게 식재료 구입을 부탁해서 강원도 향토 음식인 지누아리 장아찌를 만든 적이 있다.
한국 음식을 연구하던 그 지인은 얼마 전 장아찌 사업을 결심하고 불쑥 베트남으로 떠났다.
SNS를 통해 더운 나라 베트남에서는 오이 장아찌와 김 등 해조류로 만든 장아찌를 좋아한다는 소식을 전했다.
한국 전통 저장·발효 음식의 맛을 베트남에까지 전파하고 있는 셈이다.

재료
말린 지누아리(1봉지) 150g

맛국물
양파 100g(중 1/2개)
건표고버섯 2개
다시마 10×10cm 한 장
마늘 30g
건고추 3개
통후추 1작은술
생강 10g
물 4컵

양념장
맛국물 2컵
진간장 3/4컵
조청 2컵
설탕 1/2컵
고추장 4큰술
생강즙 3큰술
청주 1/2컵
식초 3큰술

1 말린 지누아리를 밀대로 밀어서 지저분한 것을 제거하고
재빨리 씻어 체에 밭친다.

생것은 약간 말려서 사용한다.
지누아리를 말려서 판매하므로 다른 지역에서도 이용할 수 있다.

2 채반에 넣어 그늘에 두거나 식품건조기(온도 38~40℃)에
넣어 살짝 말린다.

3 맛국물 재료를 중불에서 끓여 맛국물 2컵을 만든다.
맛국물에 양념장 재료를 넣어 바글바글 끓인다.

4 용기에 말린 지누아리를 담고 뜨거운 양념장을 부어 버무린다.
냉장 보관하며 숙성시킨다.

참기름, 깨소금 등으로 양념해서 먹기도 한다.

생명력이 강한 약초

질경이 간장 장아찌

질경이는 길가나 공터에서 흔히 볼 수 있는, 생명력이 강한 풀이다.
식용과 약용으로 쓰며 체내에 쌓인 노폐물을 혈액으로 운반해 배설시키고, 이뇨 작용이 뛰어나다.
열을 내리고 몸을 시원하게 하며 눈을 밝게 한다.
체내 분비 신경을 자극시켜 기관이나 기관지의 점액, 소화액 분비를 촉진하는 작용이 있다.

재료
질경이 1kg

맛국물
멸치 20g
다시마 10×10cm 한 장
양파 50g(중 1/4개)
건고추 3개
마늘 30g
생강 10g
물 5컵

양념장
맛국물 3컵
진간장 1.5컵
국간장 1/2컵
설탕 1.5컵
식초 1.5컵
청주 1/2컵
매실 발효액 1컵

1 질경이 잎은 연한 것으로 준비해 깨끗이 씻고 채반에 넣어
물기를 제거한다.

2 맛국물 재료를 중불에서 끓여 맛국물 3컵을 만든다.
맛국물에 진간장, 국간장, 설탕을 넣고 끓으면
식초, 청주, 매실 발효액을 넣고 1분 정도 더 끓여
양념장을 만든다.

3 용기에 질경이 잎을 담고 뜨거운 양념장을 부은 다음,
질경이 잎이 양념장 위로 뜨지 않도록 눌러놓는다.

4 3일, 7일, 10일 후에 양념장만 따라내어 끓인 다음
식혀서 붓는다.

질경이는 보관 기간이 길어야 맛이 더 좋다. ✎

혈액 순환에 좋은

쪽파 알뿌리(종자) 간장 장아찌

파와 비슷하지만 파보다 더 가는 쪽파는 파김치와 파전으로 우리에게 익숙하지만
쪽파 알뿌리로 만든 장아찌 또한 우리 입맛을 사로잡는다.
쪽파는 씨로 번식하지 않고 알뿌리를 심어 재배한다. 봄에 재래시장에서 살 수 있다.
초밥집 초절임으로 많이 사용하는 쪽파의 알뿌리에는 황화알릴이 풍부해
암을 예방하며 혈액의 콜레스테롤을 배출하고 혈전이 생기는 것을 막아준다.

재료
쪽파 알뿌리 400g

절임액
물 3컵
식초 1컵

양념장
물 1컵
진간장 1/2컵
설탕 1/2컵
맛술 1/2컵
식초 2큰술
소금 1/2작은술

1 쪽파 알뿌리는 속껍질 두 겹을 남기고 껍질을 벗긴다.
   손질한 쪽파 알뿌리는 깨끗이 씻어 물기를 제거한다.

2 절임액을 쪽파 알뿌리가 푹 잠길 정도로 만들어 붓고,
   시원한 곳에서 2주일 정도 둔 후 체에 밭쳐 물기를 제거한다.

3 양념장 재료를 끓여 양념장을 만든다.

4 용기에 쪽파 알뿌리를 담고 식힌 양념장을 붓는다.

5 일주일 정도 후에 양념장만 따라내어 끓인 다음 식혀서
   붓는 과정을 2~3회 정도 반복한다. 한 달 정도 냉장 숙성시킨다.

초석잠 간장 장아찌

초석잠은 기억력 향상과 치매 예방에 탁월한 효능이 있는 천연 항노화 식품이다.
초석잠의 뿌리에는 '페닐에타노이드' 배당체와 '콜린'이 많이 함유되어 있다.
이 성분들이 뇌세포에 직접 작용해 동맥경화·간 경화를 개선하고 지방간 형성을 막아
근무력증·뇌경색·노인성 치매 예방과 기억력 증진에 효과가 있다.

재료
초석잠 1kg

맛국물
멸치 15g
다시마 10×10cm 한 장
건고추 2개
양파 200g(중 1개)
건표고버섯 2개
물 4컵

양념장
맛국물 2컵
진간장 1컵
국간장 3큰술
설탕 1/2컵
생강즙 3큰술
식초 1/2컵
청주 1/2컵
매실 발효액 1컵

1 초석잠을 깨끗이 씻고 채반에 널어 물기를 제거한다.

2 맛국물 재료를 중불에서 끓여 맛국물 2컵을 만든다.
맛국물에 진간장, 국간장, 설탕, 생강즙을 넣고 2분 정도 끓으면
식초, 청주, 매실 발효액을 넣고 1분 정도 더 끓여
양념장을 만든다.

3 용기에 초석잠을 담고 뜨거운 양념장을 붓는다.

4 양념장을 넣고 3일, 7일, 10일 후에 양념장만 따라내어
끓인 다음 식혀서 붓는다. 냉장 보관하며 숙성시킨다.

단 맛 이 나 며 식 감 이 아 삭 한

콜라비 간장 장아찌

콜라비는 양배추와 순무를 교배해 만들어낸 신품종 채소로, 북유럽 해안이 원산지이며
우리나라에서는 주로 제주도에서 재배한다. 무와 비슷하지만 맵지 않고 단맛이 나며 식감이 아삭아삭하다.
비타민 C 함유량이 상추나 치커리 등의 엽채류에 비해 4~5배나 높아 피로와 숙취를 해소하는 작용이 뛰어나다.
열량도 100g당 27㎉로 낮고, 식이섬유가 많이 함유되어 있어 변비 치료에도 좋은 다이어트 식품이다.
또한 칼슘과 인이 풍부해 성장기 어린이들의 골격 강화에 도움을 준다.

재료
콜라비 1kg
셀러리 300g
양파 200g(중 1개)
청양고추 100g
홍고추 50g
마늘 150g

양념장
식초 3컵
설탕 3컵
진간장 2컵
소금 1큰술

1 콜라비는 깨끗이 씻고 두께 1cm, 길이 4cm로 썬다.
   셀러리는 잎을 떼어내고 씻은 다음 심줄을 벗기고
   줄기만 어슷썰기 한다. 양파는 4cm로 썰고,
   청양고추와 홍고추는 3cm 길이로 어슷하게 썰어 씨를 제거한다.
   마늘은 도톰하게 편으로 썬다.

2 양념장 재료를 살짝 끓여 양념장을 만든다.

3 용기에 재료를 담고 식힌 양념장을 붓는다.

4 3일, 7일, 15일 후에 양념장만 따라내어 끓인 다음
   식혀서 붓는다. 냉장 보관하며 숙성시킨다.

1-2

3

빈혈 예방과 성장 발육에 좋은

톳 간장 장아찌

톳은 사슴 꼬리같이 생겼다고 해서 '녹미채(鹿尾菜)'라고도 한다.
칼슘·요오드·철·마그네슘 등의 무기질이 다량 함유되어 있으며,
비타민 A와 비타민 B_2가 풍부하다. 특히 철분은 시금치보다 3~4배 정도 많은데,
빈혈을 예방하고 치료하는 데 효과가 좋다.

재료
톳 1kg

맛국물
멸치 20g
양파 100g(중 1/2개)
마늘 50g
생강 15g
통후추 1/2큰술
건고추 3개
다시마 10×10cm 한 장
물 5컵

양념장
맛국물 2컵
진간장 1컵
생강즙 3큰술
설탕 1컵
물엿 1/2컵
된장 2큰술
식초 1컵
청주 1/2컵

톳은 이른 봄에 나는 것이
연하고 맛이 좋다.
말려두었다가
밥을 지을 때 넣기도 하며,
두부를 넣어 무쳐 먹거나,
김치를 담그는 데도 활용한다.

1 톳은 깨끗하게 씻은 후 찬물에 30~40분 담가 염분을 뺀다.

2 체에 밭쳐 물기를 제거하고 끓는 물에 30초 정도 데친 다음
찬물에 헹군다.

3 맛국물 재료를 끓여 맛국물 2컵을 만든다.
맛국물에 진간장, 생강즙, 설탕, 물엿을 3분 정도 끓인 후
된장, 식초, 청주를 넣고 1분 정도 더 끓여 양념장을 만든다.

4 용기에 톳을 담고 식힌 양념장을 부은 다음,
톳이 양념장 위로 뜨지 않도록 한다.

5 양념장을 넣고 3일, 7일, 10일 후에 양념장만 따라내어 끓인
다음 식혀서 붓는다. 냉장 보관하며 숙성시킨다.

파래 간장 장아찌

바다의 영양 식물로 불리는 파래는 김과 비슷하지만 털이 가늘고 긴 것도 있다.
보통은 날로, 또는 건조된 것으로 갖은 양념을 하여 반찬으로 먹는다.
무기질이 풍부하고 특히 칼슘이 많은 해조류로 골다공증에 좋으며 조혈 작용에도 효과적이다.
또한 단백질 함량이 높고, 철분, 칼륨, 식물성 섬유소 등 몸에 좋은 성분을 골고루 함유하고 있어
성인병과 비만을 방지하는 식품으로 유명하다.

재료
파래 말린 것 300g

양념장
물엿 1컵
진간장 1컵
설탕 4큰술
생강즙 4큰술
식초 3큰술
고추장 4큰술
맛술 1컵
청주 1/2큰술

1 말린 파래를 준비해 바락바락 문질러서 잘 씻는다.

2 채반에 널어 바람이 잘 통하는 곳에 두거나 식품건조기
(온도 38~40℃)에 넣어 잘 말린다.

3 양념장 재료를 모두 넣고 끓여 3.5컵을 만든다.

4 말린 파래에 뜨거운 양념장을 부어 식힌다.
그릇에 담아 냉장 보관하며 숙성시킨다.

참기름, 깨소금, 실파를 넣어 양념하여 먹는다.

시중에 판매하는 말린 파래를 이용해도 좋다. 전처리 상태에 따라 모래 등이
있을 수 있으니 한 번 씻어 말려서 사용하는 것이 좋다.
말린 파래를 고추장 양념장이나 된장 양념장으로 장아찌를 만들어도 좋다.

장아찌,
밑반찬에서 고급 요리로
무한 변신

고급 한정식집이나 고깃집에 가면 산야초 등 약재로 담근 장아찌로 건강식 반찬을 내거
나, 고기를 먹은 후 냉면 대신 장아찌 넣은 국수를 판매해 인기몰이가 한창이다. 장아찌
초밥, 장아찌 주먹밥, 장아찌 김밥 등은 이미 식당에서 흔하게 맛볼 수 있는 음식이다.

김밥에 공식으로 들어가던 시금치, 일본식 무절임으로 노란 색소를 들인 단무지, 달걀,
당근 외에 우엉, 오이, 매운 고추 장아찌로 맛을 낸 다양한 김밥이 등장했다. 최근 노란
단무지를 불신하는 소비자들을 겨냥해 만든, 무 장아찌를 넣은 김밥은 꽤 높은 가격으
로 팔린다.
한 김밥 브랜드에서는 색다르면서도 고급 김밥을 원하는 소비자들의 요구를 충족시키
기 위해 '매콤장아찌김밥'을 출시한 이후 큰 인기를 끌고 있다. 매콤장아찌김밥은 매콤
한 양념으로 무친 무 장아찌와 제철 시금치를 넣은 메뉴로, 짭조름한 무 장아찌 맛과 시
금치의 신선하고 건강한 맛이 돋보인다는 호평을 듣는다.

한편 어떤 리조트는 장아찌에 대한 고정관념을 통째로 무너뜨린 명품 장아찌 일품요리
를 선보여 눈길을 끌었다. 사실 이곳은 몇 년 전부터 색다르고 고급스러운 장아찌를 개

발해 주목받아왔다. 보통 식당에서 흔히 볼 수 있는 무, 깻잎, 고추 장아찌에서 탈피해 취나물, 뽕잎, 싸리나무 순, 고추나무 꽃과 순, 화살나무 순, 아카시아 꽃, 초석잠, 고구마, 감자에 이르기까지 다양한 장아찌를 선보인 것이다.

또 직접 채취한 산채와 약선 장아찌로 유명한 모 한정식집은 미식가들의 발길이 줄을 잇는다. 인삼 꽃 장아찌 등으로 입맛을 사로잡는 농가 맛집이 있는가 하면, 직접 개발해 특허 출원한 산야초 장아찌로 정성 가득한 산채 음식을 선보이는 로컬푸드 음식점은 입소문이 자자하다.

이처럼 장아찌는 밑반찬에서 고급 요리로 무한 변신 중이다. 장아찌를 연구하는 한 사람으로서 한 끼 밥을 해결하는 수준의 장아찌가 아닌, 귀한 음식으로 대접받는 장아찌를 만드는 게 바람이다. 장아찌가 저장·발효음식으로서 가치를 제대로 인정받기 위해서는 음식을 연구하고 공부하는 사람들이 앞장서서 새로운 음식문화를 만들어야 하지 않을까?

장아찌는 향수를 달래주는 음식이자 추억과 함께하는 소울푸드(Soul Food · 영혼을 위로하는 음식)이기도 하다. 해외 교포와 유학생들에게 장아찌는 김치와 함께 대표적인 향수 음식이다. 중장년층에게 장아찌는 어머니가 차려주신 밥상에 오르던 추억으로 기억되는 맛이자 어머니의 손맛을 그립게 하는 소울푸드인 것이다.

장아찌 수업에 참여한 분께서 해외에서 생활하는 자녀들이 서양식이 입맛에 맞지 않아 적응하기 힘들어하자 장아찌를 보냈다는 이야기를 들은 적이 있다. 처음에는 김치를 종류별로 보냈더니 운송과 보관에 문제가 많았단다. 그래서 수분이 많은 김치 대신 수분 없이 보관이 가능한 더덕, 도라지, 무, 김 등의 장아찌를 보낸 결과 대환영이었다는 이야기다. 인상적인 것은 현지 독일인들에게 장아찌를 넣은 김밥을 싸서 주었더니 '한국에 이런 맛있는 음식도 있느냐'면서 즐거워했다는 것이다. 그래서 그 분은 장아찌 담그는 법을 배워 독일에 가서 사업을 하고 싶다는 의지를 내비치기까지 했다.

최근에는 장아찌가 김치, 장류에 이어 새롭게 수출이 기대되는 품목으로 주목받기 시작했다. 실제로 경남 밀양과 전남 장성 등의 장아찌 가공업체는 고추·마늘·깻잎 장아찌 등을 미국 LA와 뉴욕에 그치지 않고 호주 등으로 수출을 늘리고 있다. 발 빠르게 장아찌로 수출 시장을 개척한 한 마을 반찬 사업체 관계자에 따르면, 초창기에는 주로 미국 현지 한인마켓 등에 수출하다가 요즘은 중국, 베트남 등 아시아 시장으로도 수출하고 있다고 한다.

더욱 고무적인 것은 그동안 해외 교포들이 장아찌를 주로 소비했다면, 최근에는 현지 외국인 셰프들이 장아찌의 깊은 맛을 소스 등으로 활용한다는 점이다. 또한 매실 장아찌와 산초 장아찌 등은 원재료의 모양을 눈으로 확인할 수 있으므로 먹는 용도뿐 아니라 가니쉬(곁들임 장식)용으로도 선호한다.

'절임류'와 장아찌의 정의 살펴보기

식품공전(식품의 기준 및 규격, 식품의약품안전처, 2016.9.30. 일부개정)에 의하면 절임류는 절임식품의 하위 품목으로 주원료를 식염, 장류, 식초 등에 절이거나 이를 혼합하여 조미 가공한 식염절임, 장류절임, 식초절임 등을 말한다. 참고로 '절임식품'이란 과일류, 향신료, 야생식물류 등을 주원료로 하여 식염, 식초, 당류 또는 장류 등에 절인 후 그대로 또는 이에 다른 식품을 가하여 가공한 절임류, 당절임을 포괄하는 말이다.

전통식품 표준규격(국립농산물품질 관리원, 2013.8.27. 일부개정)에서는 절임류를 식염에 절이거나 건조시키는 전처리 과정 후 장류, 조미액, 식초 등에 절이거나 가공한 것으로 정의하고 있으며, 하위 품목별 규격이 적용되는 범위와 주원료, 부원료를 정하고 있다.

전통식품 표준규격의 절임류

구분	적용	범위	주원료	부원료
장류 절임	고추장 장아찌	국내산 농산물을 원료로 하여 식염에 절이거나 햇볕에 건조시키는 등의 전처리를 한 다음 고추장과 혼합하여 발효, 숙성	• 채소류(무, 고들빼기, 마늘, 마늘종, 고추, 더덕 등) • 과실류(감, 매실 등) • 고추장, 식염	당류, 간장 등
	된장 장아찌	국내산 농산물을 원료로 하여 식염에 절이거나 햇볕에 건조시키는 등의 전처리를 한 다음 된장과 혼합하여 발효, 숙성	• 채소류(깻잎, 마늘, 마늘종, 고추, 곰취 등) • 된장, 식염	당류, 간장 등
	간장 장아찌	국내산 농산물을 원료로 하여 식염에 절이거나 햇볕에 건조시키는 등의 전처리를 한 다음 간장과 혼합하여 발효, 숙성	• 채소류(무, 콩잎, 마늘, 고추, 취나물, 명이 등) • 간장, 식염	발효식초 당류 등
염절임		국내산 농산물을 주원료로 하여 식염에 절여 발효 숙성시킨 후 탈수와 탈염시킨 것이거나 이에 조미액을 첨가하여 가공	• 채소류(무, 고들빼기, 마늘, 마늘종, 고추 등) • 식염	당류, 간장 등
초절임		국내산 농산물을 주원료로 하여 염지, 탈수 및 탈염시킨 후 식초에 절인 것이거나 이에 조미액을 첨가하여 가공	• 채소류(무, 고들빼기, 마늘, 마늘종, 고추 등) • 식염, 식초	당류, 간장 등

장아찌
활용법과
FAQ

열 반찬 부럽지 않은
장아찌 활용법

정크푸드 시대, 가족의 건강이 걱정된다면 저장·발효 음식인 장아찌로 만든 집밥을 뚝딱 차려내 보자. 장아찌는 밥맛 당기는 밑반찬으로 먹는 것도 좋지만, 이를 활용한 별미 요리와 간식으로도 제격이다.

냉장고에 있는 장아찌 서너 가지면 가족의 입맛을 챙기는 집밥을 뚝딱 차려낼 수 있고, 장아찌를 활용한 별미 요리로 색다른 맛을 즐길 수도 있어 좋다. 장아찌를 요리하거나 활용하는 방법은 간단하면서도 쉽다. 고추 장아찌, 인삼 장아찌 등을 다져서 만든 양념장으로 쓱쓱 비벼 먹는 장아찌 비빔밥도 좋고, 장아찌를 송송 썰어 넣고 깨소금과 참기름으로 맛을 낸 주먹밥, 장아찌를 밀가루나 쌀가루와 섞어 노릇노릇하게 지진 장아찌전은 입맛을 살려주는 별미다.

김밥에 노란 단무지 대신 우엉·무·인삼·마늘종 장아찌를 활용하거나, 매콤한 김밥을 원할 때는 고추 장아찌를 넣어 맛의 포인트를 줘도 좋다. 시금치 대신 당귀 등 산야초 장아찌나 꼬시래기 장아찌 등을 넣어 김밥을 만든다면 색다른 맛을 즐길 수 있다. 또한 비빔밥을 먹을 때 냉장고에 있는 자투리 채소를 채 썰어 담고, 더덕·인삼·방풍·당귀 등 산야초 잎으로 만든 장아찌를 잘게 다져 넣으면 번거롭지 않으면서 감칠맛이 제대로다.

국수장국 양념장으로 인삼·고추 장아찌를 다져 넣어도 좋으며, 비빔국수에 한두 가지 장아찌를 곁들이면 금상첨화다. 만두소에 무·무청·고추 장아찌를 넣어주면 아삭한 식감과 간간하면서도 칼칼한 뒷맛이 일품이다.

또 몸에 좋은 된장과 고추장 등 장류로 숙성한 장아찌를 칠절판이나 작은 항아리에 담아 선물한다면 정성과 깊은 맛의 감동을 선사하기에 충분하다.

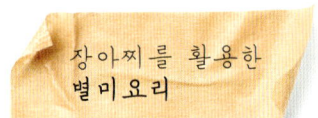

【 장아찌 김밥 】

김밥을 색다르게 즐기려면 장아찌 김밥을 만들어보자.
노란 단무지 대신 우엉·무·인삼·마늘종 장아찌를 활용한다.
시금치 대신 당귀와 같은 산야초 장아찌를 넣어도 되고
고추 장아찌를 이용해 매콤한 김밥을 만들 수도 있다.

【 장아찌 비빔밥 】

비빔 양념장에 더덕 장아찌, 인삼 장아찌 등을 넣어도 좋고, 새콤한 맛을 원한다면
천도복숭아 · 살구 · 자두 등의 과일 장아찌를 넣어 양념장을 만든다.
뽕잎 · 방풍 · 더덕 · 당귀 · 질경이 등 산야초 장아찌를 나물처럼 넣어 비벼 먹어도 맛있다.

【 장아찌 주먹밥 】

우엉 장아찌와 무 장아찌를 잘게 썰어 주먹밥을 만들면 간편한 한 끼 식사로 제격이다.

【 장아찌 쌈밥 】

밥을 한 입 크기로 뭉쳐 머위 잎 · 깻잎 · 곰취 · 콩잎 장아찌 등에 올려 싸면 멋진 장아찌 쌈밥이 완성된다.

【 장아찌 샐러드 】

꼬시래기 장아찌를 샐러드 드레싱으로 활용하거나,
리코타 치즈 샐러드에 매실 장아찌를 넣어 색다른 맛을 즐기는 것도 좋다.

【 장아찌 밥상 】

곤드레밥과 장아찌로 차려낸 간편한 밥상은 혼밥족들을 위한 집밥으로도 안성맞춤이다.

【 장아찌 만두 】

무, 고추 장아찌 등을 만두소로 넣으면 아삭한 질감과 깊은 맛을 느낄 수 있다.

【 그 외 다양한 장아찌 활용 】

장아찌로 만든 특별한 요리가 아니어도 평소 장류로 간을 해야 하는 음식을 만들 때 사용하면
더 깊고 풍부한 맛을 얻을 수 있다. 장아찌를 활용한 소스가 입맛을 돋운다.

증편 카나페

톳 장아찌 무침

매실 장아찌 냉채

장아찌
활용법
FAQ

【 **무말랭이 고춧잎** 장아찌 】

무말랭이는 무를 썰어 말리는 과정에서 햇빛의 작용으로 칼슘이 더 많아지는데,
특히 무의 칼슘은 소변으로 배설되지 않고 그대로 몸에 흡수되어서 효과가 더욱 크다.
폐경기 여성에게 나타나는 골다공증이나 퇴행성 관절염에 효과적이고 노화 방지에도 도움을 준다.
또 무말랭이는 칼로리가 낮아 비만인 사람에게 적합하다.
비타민 A, C, 칼슘, 인, 철 등을 함유한 고춧잎은 무말랭이 장아찌와 잘 어울린다.

재료

무말랭이 200g
말린 고춧잎 100g
양파 1개
습식 찹쌀가루 1컵
(건식 찹쌀가루는 1/2컵)

맛국물

멸치 20g
다시마 10×10cm 두 장
양파 100g
건고추 3개
마늘 30g
생강 10g
물 4컵

1차 양념

진간장 2큰술
맑은 멸치액젓 2큰술
매실 발효액 4큰술
고운 고춧가루 4큰술

양념장

간장 5큰술
액젓 4큰술
조청 1.5컵
다진 마늘 5큰술
생강즙 2큰술
고운 고춧가루 6큰술
고추장 4큰술

1 무말랭이와 말린 고춧잎을 준비한다.

2 양파를 채 썰어 물 2L에 넣고 중약불에서 10분 정도 끓인 다음 체에 거른다. 양파 삶은 물이 뜨거울 때 무말랭이와 말린 고춧잎을 넣고 주무른 후 재빨리 찬물에 헹구고 물기를 꼭 짠다.

3 무말랭이와 고춧잎에 1차 양념을 넣어 버무린다.

4 맛국물 재료를 중불에서 끓여 맛국물 2컵을 만든다. 맛국물에 찹쌀가루 1컵을 넣어 찹쌀죽을 쑨다.

장기간 보관할 때는 찹쌀죽을 넣지 않는 것이 좋다. ✎

5 찹쌀죽에 양념장 재료를 넣어 1~2분 끓인 후 식혀 양념장을 만든다.

6 양념한 무말랭이와 말린 고춧잎을 식힌 양념장으로 버무리고 용기에 담는다. 냉장 보관하며 숙성시킨다.

먹을 때 쪽파, 참기름과 깨소금을 넣어 양념하기도 한다. ✎

【 **마늘** 소금 장아찌 】

재료
통마늘 20개

절임액
물 2L
식초 1L
소주 1.5컵

양념장
물 3컵
설탕 1컵
진간장 1/2컵
소금 2큰술
식초 1컵
매실 발효액 2컵

1 5월의 알이 단단하고 고른 6쪽 통마늘로 준비하여
      뿌리와 대공 부분을 자른 다음, 속껍질 두 겹을 남기고 벗긴다.
      손질한 마늘은 깨끗이 씻어 물기를 제거한다.

2 절임액을 마늘이 푹 잠길 정도로 만들어 붓고,
      시원한 곳에서 3주 정도 둔다.

3 마늘을 체에 밭쳐 물기를 제거한다.

4 물, 설탕, 간장, 소금을 넣고 끓으면 식초, 매실 발효액을 넣고
      다시 끓여 양념장을 만든다.
      용기에 마늘을 담고 식힌 양념장을 붓는다.

5 일주일 정도 후에 양념장만 따라내어 끓인 다음 식혀서
      붓는 과정을 2~3회 정도 반복한다. 한 달 정도 숙성시킨다.

【 **생강** 식초 절임 】

재료
생강 300g

데치기
물 5컵
소금 1큰술

양념장
식초 1컵
물 1컵
설탕 1컵
소금 2작은술

1 생강은 껍질이 얇고 매운맛이 약한 햇생강으로 고른다.
생강을 말끔히 씻고 편으로 썬다.

2 끓는 소금물에 편으로 썬 생강을 넣고 데친 다음
물기를 제거한다.

3 양념장 재료를 끓여 양념장을 만든다.
생강에 식힌 양념장을 붓는다.

4 양념장을 넣고 4~5일 후에 양념장만 따라내어 끓인 다음
식혀서 붓는다. 냉장 보관하며 숙성시킨다.

누린내나 비린내가 나는 요리를 먹을 때 곁들인다.

【 **깻잎** 젓국 장아찌 】

재료
깻잎 100장(150g)

절임액
맑은 멸치액젓 1/2컵
맛국물 1컵
마늘 1큰술

맛국물
멸치 10g
다시마 10×10cm 한 장
양파 100g
건고추 2개
건표고버섯 1개
생강 5g
물 3컵

양념장
맛국물 1/2컵
진간장 3큰술
고추장 2큰술
고춧가루 1큰술
물엿 1큰술
설탕 1큰술
다진 마늘 1큰술
통깨 2큰술

1 흐르는 물에 깻잎을 한 장씩 깨끗이 씻고 꼭지는 1cm만 남기고
자른 다음 물기를 제거한다.

2 맛국물 재료를 중불에서 끓여 맛국물 1.5컵을 만든다.

3 맛국물 1컵에 재료를 넣고 절임액을 만들어 깻잎에 붓고
30분 정도 절인 다음 물기를 꼭 짠다.

4 나머지 맛국물 1/2컵에 통깨를 제외한 양념장 재료를 모두 넣고
끓인 후 불을 끈다. 식힌 다음 통깨를 넣어 잘 섞는다.

5 깻잎 2~3장 사이사이에 양념장을 발라 용기에 담는다.
양념장을 조금 남겨 위에 덮은 다음, 냉장 보관하며 숙성시킨다.

【 삭힌 깻잎 장아찌 】

재료
삭힌 깻잎 500g
들기름 3큰술

맛국물
양파 1개
생강 10g
다시마 10×10cm 한 장
마늘 30g
건고추 2개
멸치 20g
건표고버섯 2장
물 5컵

양념장
맛국물 2컵
고춧가루 6큰술
다진 마늘 6큰술
물엿 6큰술
설탕 3큰술
생강즙 3큰술
진간장 1/2컵

1 삭힌 깻잎은 씻은 다음 찬물을 3~4번 갈아가면서 한나절 정도
담가 짠맛을 뺀다. 채반에 넣어 물기를 제거한다.

2 깻잎에 들기름을 골고루 발라 찜기에서 15분 찌고
다시 뒤집어서 15분 쪄서 채반에 넌다.

3 맛국물 재료를 중불에서 끓여 맛국물 2컵을 만든다.
맛국물에 양념장 재료를 모두 넣고 중불에서 5~6분 끓인다.

4 깻잎 2~3장마다 식힌 양념장을 발라 용기에 담는다.
냉장 보관하며 숙성시킨다.

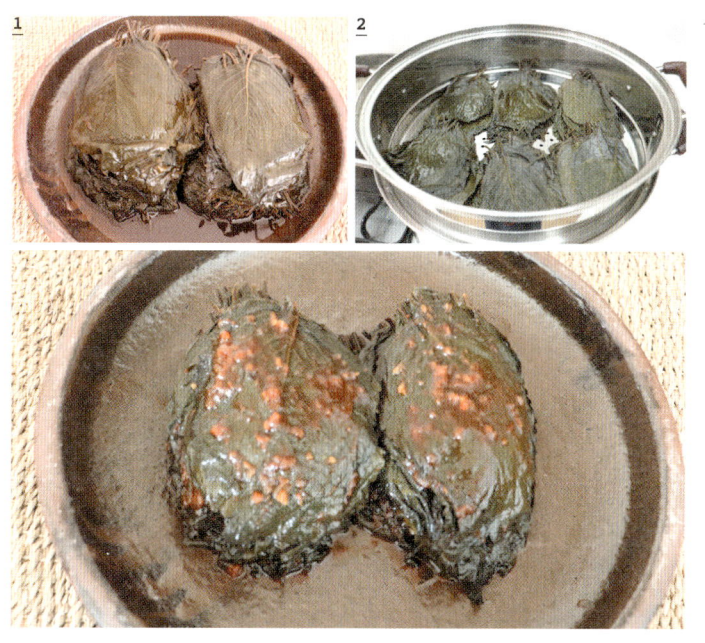

【 **오이** 간편 장아찌 】

재료
조선오이 10개
마늘 5쪽
레몬 1개

양념장
물 1컵
설탕 1컵
소금 1컵
식초 1컵
매실 발효액 1컵
생강즙 1큰술

1 오이는 소금으로 문질러 씻고 반으로 갈라 3등분한다.
마늘은 편으로 썰고, 레몬은 슬라이스한다.

2 양념장 재료를 모두 넣고 3~4분 끓여 양념장을 만든다.

3 스테인리스 그릇에 오이, 마늘, 레몬을 담고
뜨거운 양념장을 붓는다.

4 식으면 용기에 담아 냉장 보관하며 숙성시킨다.

【 오이 매실 발효액 장아찌 】

재료
오이(작은 것) 10개
매운 건고추 5~6개

절임액
물 1.5L
천일염 2/3컵
소주 1컵
물엿 1컵

양념장
매실 발효액 1컵
식초 1컵
설탕 1컵

1 오이는 작은 것으로 준비해서 씻지 말고 스테인리스 그릇에
담는다. 끓는 물을 부어 10분 정도 두었다가 오이만 건져내고
물은 버린다.

오이는 작고 통통한 것이 맛이 좋다. ✏️

2 절임액의 물 1.5L를 끓여 천일염을 넣고 다시 끓으면
오이에 붓고 물엿, 소주를 넣은 다음 무거운 것으로 누른다.

3 3~4일 후 절임액을 따라 끓여 식혀서 다시 붓는다.

4 일주일 후 오이가 삭으면 채반에 널어 꾸덕꾸덕해질 때까지
말린다. 절임액은 버린다.

5 양념장 재료를 끓여 양념장을 만든다.

6 용기에 말린 오이를 담고 식힌 양념장을 부은 다음
매운 건고추를 잘라서 넣는다. 냉장 보관하며 숙성시킨다.

장아찌
활용법
FAQ

【 전통 오이지 】

재료
오이(오이지용) 30개

절임액
물 6L
천일염 3컵
소주 3컵

1 오이는 가시가 다치지 않게 스테인리스 그릇에 담고,
끓는 물을 부어 8~10분 정도 두었다가 오이만 건져낸다.

2 소금물을 끓여 뜨거운 채로 오이에 붓고 소주를 넣은 다음
무거운 것으로 누른다.

3 3~4일 후 절임액을 따라 끓여 식혀서 다시 붓는 과정을 3~4회
반복한다. 냉장 보관하며 숙성시킨다.

오이 절임물을 끓이다 보면 물이 줄어들어 점점 짜지므로
물을 조금씩 부어가면서 끓인다.

식성에 따라 오이지를 물에 깨끗이 씻어 잘게 썰어 먹기도 하고,
참기름, 깨소금에 무쳐서 먹기도 한다.

오이지를 담글 때쯤 나오는
장아찌용 마늘의 마늘대를
같이 넣으면
맛도 좋고 보관에도 도움이 된다.

【 풋고추 삭히기 】

재료
풋고추 500g
마늘 30g
생강 10g

소금물
소금 3큰술
물 3컵

1 풋고추는 깨끗하게 씻은 뒤 꼭지를 1cm 정도 남기고 자른다.
마늘과 생강은 편으로 썬다.

2 물 3컵, 소금 3큰술을 넣어 소금물을 만들어 끓인다.

3 소금물이 식으면 고추, 마늘, 생강을 넣고 떠오르지 못하도록
접시 등으로 누른 다음 누렇게 뜰 때까지 삭힌다.

4 동치미 담글 때 사용하거나, 짠맛을 빼고 물기를 제거한 뒤
썰어서 설탕, 참기름, 깨소금, 마늘 등으로 양념한 후 먹는다.

동치미 담글 때 삭힌 고추를 넣으면 톡 쏘고 매운맛이 돌아
동치미 국물의 맛이 훨씬 좋아진다.

병에 넣어 보관하면
누름돌이 없어도 되어 간편하다.

맛있는 장아찌 비법,
이것이 궁금하다
장아찌에 대한 단골 궁금증 FAQ

장아찌를 만들 때 재료의 수분을 제거하는 방법을 알고 싶어요.

뿌리채소, 엽채류, 해조류 등의 재료를 장아찌로 만들어 보관하기 위해서는 수분 제거가 가
장 중요합니다. 우엉, 가지 등은 팬에서 기름 없이 볶아서 수분을 날리거나, 무는 그늘에서
시들하게 자연 건조한 후 양념장에 넣어 숙성시킵니다.

엽채류는 데친 다음 꾸덕꾸덕하게 말려서 장아찌를 담그면 좋아요. 깻잎, 곰취, 취순, 콩잎
등은 소금물에 담그면 짠맛만 강하고 질겨지므로, 수분 제거를 위해 살짝 쪄서 양념장을 발
라 장아찌를 만듭니다.

하지만 수분을 너무 제거하면 양념이 잘 배지 않고 식감이 좋지 않으니 유의해야 합니다. 식
재료가 골고루 마르지 않았을 때는 비닐봉지에 넣어 냉장고에 넣어두면 자연스럽게 수분 평
형이 되니 활용해보세요.

맛있는 장아찌를 오랫동안 먹으려면 용기에 보관하는 방법이 따로 있나요?

장아찌를 담는 용기(그릇)도 소독해야 오래 보관할 수 있습니다. 플라스틱 용기 등 삶지 못하
는 용기는 스프레이 용기에 소주를 넣어 뿌리거나 식초로 씻어 소독하는 것이 좋아요.

장아찌는 누름돌로 눌러서 재료가 장물에 담겨 있어야 합니다. 재료가 공기에 노출되면 하얀
이물질이 생기고 변패의 원인이 되거든요.

장아찌의 저장 기간은 어느 정도가 적당한가요?

이 책에서 소개하는 장아찌류는 실온이 아니라 김치냉장고에 보관하는 것이 좋아요. 짜지 않
게 담가 맛있게 먹으려면 장아찌를 담근 후 이듬해 식재료가 나오는 시기까지 1~2년 정도가
적당합니다.

장아찌를 담근 후 얼마나 숙성시켜서 먹어야 가장 맛있나요?

장아찌 숙성 정도와 기간은 자신의 취향과 입맛에 따라 조절하면 됩니다. 산나물 등 엽채류는 장아찌를 담근 후 바로 먹었을 때는 나물 같은 맛이 나다가, 발효 숙성 단계로 넘어가면서 깊은 감칠맛이 납니다. 참외, 오이, 노각 장아찌 등 식재료가 단단하고 두꺼운 것은 양념장이 쉽게 배지 않으므로 서너 달 정도 지나야 맛있게 먹을 수 있어요. 간장 장아찌, 전처리를 한 콩잎, 단맛이 있는 과일 장아찌 등은 일주일 정도 지나면 맛있게 먹을 수 있답니다.

장아찌가 너무 짜거나 슴슴하다면 맛을 조절하는 방법이 있나요?

간장을 이용한 장아찌는 양념장을 끓일 때 맛국물이나 물을 첨가하면 짠맛을 조절할 수 있어요. 양념장의 농도와 맛을 적절하게 유지하기 위해 맛국물을 더 넣어도 됩니다. 장아찌 보관 시 재료의 수분이 빠져나오면 양념장이 슴슴해지므로 다시 끓여주는 것이 좋아요. 이때 끓기 시작한 후 3~4분 정도면 적당합니다.

장아찌에 하얀 이물질 같은 게 생길 때는 어떻게 해야 하나요?
장아찌 맛이 변하지 않도록 관리하는 방법을 알려주세요.

고추장, 된장 장아찌 등을 담가서 보관할 때는 용기에 장아찌를 잘 눌러 담고, 양념을 조금 남겨 위에 잘 덮어줘야 해요. 참외, 오이 장아찌의 경우 수분이 많이 생기면 양념을 끓여서 다시 붓는 것이 좋아요. 간장 장아찌는 슴슴해지면 양념장을 체에 걸러서 끓인 다음 식혀서 다시 부어줍니다. 보통 장아찌를 담근 후 3개월 정도면 양념장물을 끓여 붓고, 염도가 낮을 수록 자주 끓여 부어야 합니다. 된장·고추장 장아찌는 맛이 변할 것 같으면 양념장을 훑어내서 끓여줍니다.

장아찌를 맛있게 먹는 방법을 알고 싶어요.

장아찌마다 다른데, 양념이 짜지 않고 잘된 것은 그냥 먹어도 좋고 참기름과 깨소금 정도만 넣어도 맛있어요. 보통 고추장, 된장, 술지게미 장아찌 중에서 오이, 노각, 야콘, 참외 장아찌 등 절임원에 오랫동안 숙성하는 것이나, 보관을 잘하기 위해 조금 짜게 한 것은 양념장을 씻어내고 깨소금, 참기름 등을 넣어 양념해서 먹는 것이 좋아요.

장아찌를 먹고 남은 양념장으로 또 다른 장아찌를 담글 수 있나요?

무 장아찌의 간장 양념장에 된장 장아찌로 담글 고추를 넣기도 하고, 고추 간장 장아찌 양념장에 두릅, 마늘종, 풋마늘대 등을 넣어두기도 합니다.

참고문헌

3대가 쓴 한국의 전통음식 / 황혜성, 한복려, 한복진, 정라나, ㈜교문사(2010)

누구나 담글 수 있는 100가지 효소 수첩 / 정구영, 정경교, 우듬지(2014)

다시 보고 배우는 산가요록 / 전순의 지음, 한복려 엮음, 궁중음식연구원(2011)

다시 보고 배우는 조선무쌍신식요리제법 / 이용기, 궁중음식연구원(2001)

산사에 가면 특별한 식단이 있다 / 정세채, 모색(2000)

약선본초학(식생활과 건강) / 김길춘, 의성당(2008)

약이 되는 산야초 108가지 / 최양수, 하남출판사(2004)

요리의 名人 한복려의 밑반찬 이야기 / 한복려, 중앙M&B(1999)

우리가 정말 알아야 할 우리 음식 백가지 1 / 한복진, 현암사(2005)

우리가 정말 알아야 할 우리 음식 백가지 2 / 한복진, 현암사(2005)

유태종 박사의 식품동의보감 / 유태종, 아카데미북(1999)

전통사찰음식 / 적문, 우리출판사(2005)

조선요리법 / 조자호, 정양완 엮음, 책미래(2014)

조선요리제법(朝鮮料理製法) / 방신영, 열화당(2011)

특허로 만나는 우리 약초 1 / 조식제, 아카데미북(2012)

특허로 만나는 우리 약초 2 / 조식제, 아카데미북(2014)

특허로 만나는 우리 약초 3 / 조식제, 아카데미북(2015)

한국음식대관 제4권 발효·저장·가공식품 / 장지현 외, 한림출판사(2001)

한국음식대관 제6권 궁중의 식생활·사찰의 식생활 / 황혜성·한복려·한복진·서혜경, 한림출판사(1997)

한국의 저장 발효음식 / 윤숙자, 신광출판사(2003)

한국의 전통향토음식 2, 서울·경기도편 / 농촌진흥청 농업과학기술원, 교문사(2008)

한국의 전통향토음식 3, 강원편 / 농촌진흥청 농업과학기술원, 교문사(2008)

한국의 전통향토음식 10, 제주도편 / 농촌진흥청 농업과학기술원, 교문사(2008)

한권으로 읽는 동의보감 / 신동원, 김남일, 여인석, 들녘(1999)

※〈옛 문헌 속 장아찌〉의 원문과 해설은 한국지식포탈(www.koreantk.com)의 자료를 참고하였고,
편의상 원문의 간체를 정체로 표기하였습니다.